できる韓国語 中級II

著／新大久保語学院
李志暎　景英淑

ワークブック

DEKIRU出版

はじめに

　『できる韓国語 中級Ⅱ（改訂版）』の副教材としてワークブックを刊行することになりました。中級Ⅱは上級へ進む前段階であるので、語彙や文法などの難易度が高く、学習するのはたやすくはありません。

　本書では、学習した内容の理解を深めることだけでなく、より楽しく有用に勉強できるように、次のような工夫をしました。

○イラストを豊富に活用

　豊富にイラストを取り入れることで、学習者が語彙や文法をよりわかりやすくイメージでき、楽しく復習できるようにしました。

○多様な問題形式

　型にはまった一律の問題形式ではなく、多様な問題形式を取り入れているので、飽きることなく学習が進められます。

○読解力をアップ

　長い文章を用いて、その中で語彙、文法、さらに内容理解の練習が総合的にできるようにして、学習者の読解力のアップを図りました。

○会話練習にも応用

　問題文の答えは、決まった言い方だけではなく、様々な表現を使って自由に答えることもできるので、会話の練習にも応用できます。

　これから上級に向かう方々がより楽しく学習できるように、本書が道案内の役割を果たし、実力アップに役立てば幸いです。学習者のみなさんを心から応援しています。

李志暎、景英淑

《目 次》

제1과 계절과 날씨

1. 다음 그림을 참고하여 괄호 안에 알맞은 날씨 관련 단어를 써넣으십시오.

(1) 아침에는 (　　　　　)가 끼겠습니다.

(2) 오후부터는 (　　　　　)이 많이 불겠습니다.

(3) 오전에는 비가 오겠지만 오후에는 (　　　　　)

(4) 장마로 인해 (　　　　　)가 70%까지 올라가겠습니다.

(5) 중부 지방에서는 (　　　　　)를 동반한 폭우도 내릴 것으로 예상됩니다.

＊동반하다(伴う)

2. 다음 중 계절별로 알맞은 단어를 골라 문장을 완성하십시오.

일교차　　집중호우　　영하　　열대야　　황사　　삼한사온　　선선하다　　식욕의 계절

〈봄〉	〈여름〉
아침저녁으로 ① ＿＿＿＿＿＿ 가 크다. 미세먼지나 ② ＿＿＿＿＿＿ 가 심한 날도 있어 마스크를 하고 외출해야 한다.	장마철에는 단시간에 많은 비가 내리는 ③ ＿＿＿＿＿＿ 가 발생하기도 한다. 장마가 끝나면 ④ ＿＿＿＿＿＿ 현상으로 잠을 이루지 못하는 사람들이 많다.
〈가을〉	〈겨울〉
하늘이 맑고 바람이 ⑤ ＿＿＿＿＿ 며 먹을거리가 많기 때문에 ⑥ ＿＿＿＿＿ 이라고도 한다.	기온이 ⑦ ＿＿＿＿＿＿ 로 내려가는 날이 많다. 하지만 ⑧ ＿＿＿＿＿＿ 의 영향으로 춥고 따뜻한 날씨가 반복되기도 한다.

3. 각 단어의 의미를 알맞게 설명한 것을 골라 연결하십시오.

(1) 건조하다　　•　　　　•　㉠ 여러 색으로 물들다

(2) 청명하다　　•　　　　•　㉡ 추위가 약해지면서 포근해지다

(3) 울긋불긋하다　•　　　•　㉢ 날씨가 맑고, 하늘이 파랗고 깨끗하다

(4) 개운하다　　•　　　　•　㉣ 몸이 가볍거나 기분이 상쾌하다

(5) 만발하다　　•　　　　•　㉤ 수분이 아주 적거나 없다

(6) 날씨가 풀리다　•　　　•　㉥ 많은 꽃들이 활짝 피다

4. 다음의 '덜'과 '더' 중에 맞는 것을 고르십시오.

(1) 오늘은 바람이 세게 불어서 어제보다 (덜 / 더) 춥네요.

(2) 고기가 (덜 / 더) 익은 것 같아요. 좀 더 삶아야겠어요.

(3) 늦게라도 올지 모르니까 (덜 / 더) 기다려 봅시다.

(4) 잠이 (덜 / 더) 깨서 커피라도 마셔야겠어요.

(5) 살을 빼려면 지금보다 탄수화물은 (덜 / 더) 먹고 야채를 (덜 / 더) 드세요.

5. 다음에서 알맞은 단어를 골라 적절한 형태로 바꿔 써넣으십시오.

식히다	시키다	쉬다	되다	담그다

(1) 온천물에 몸을 ＿＿＿＿＿＿ 바다를 바라보았다.　　　＊바라보다(眺める)

(2) 장시간 에어컨을 켤 때는 가끔 창문을 열어서 환기를 ＿＿＿＿＿＿

(3) 차가운 팥빙수라도 먹으면서 더위를 좀 ＿＿＿＿＿＿

(4) 노래방에서 큰 소리로 노래를 많이 불렀더니 목이 ＿＿＿＿＿＿

(5) 공부하는 아이에게 방해가 ＿＿＿＿＿＿ 텔레비전 소리를 줄였다.

6. 다음 구어체 표현을 「-(으)며」를 사용하여 문장체로 바꿔 봅시다.

구어체 (話し言葉)	문장체 (書き言葉)
(보기) 일본은 네 개의 섬으로 이루어져 있고 주변에는 작은 섬들이 많아요.	일본은 네 개의 섬으로 이루어져 있으며 주변에는 작은 섬들이 많습니다.
(1) 새로 나온 이 스마트폰은 화면도 크고 기능도 다양해요.	새로 나온 이 스마트폰은
(2) 박 선생님은 수학 선생님이구요, 저희 동아리 담당 선생님이세요.	박 선생님은
(3) 내일 날씨가 춥대요. 그리고 눈도 많이 온다고 들었어요.	내일 날씨는
(4) 이번 투표율은 지난번보다 10% 이상 올랐고요, 특히 20대 투표 참가율이 높게 나타났죠.	이번 투표율은
(5) 생강차는 몸을 따뜻하게 해 줘요. 게다가 감기에도 좋아요.	생강차는
(6) 한국어와 일본어는 어순이 비슷할 뿐만 아니라 발음이 비슷한 단어도 많아요.	한국어와 일본어는

7. 〈보기〉와 같이 「-도록 하다」를 사용하여 상황에 알맞은 문장을 완성하십시오.

(보기)	김 과장, 다음 주까지…	〈상황: 부하 직원은 다음 주까지 보고서를 제출해야 합니다.〉 "김 과장, 다음 주까지 <u>보고서를 제출하도록 하세요.</u>"
(1)	작문 숙제는…	〈상황: 학생들은 작문 숙제를 모레까지 내야 합니다.〉 "작문 숙제는 _____"
(2)	무더운 날에는 탈수 증상이…	〈상황: 무더운 날에는 수분을 충분히 섭취하지 않으면 탈수 증상이 일어날 수 있습니다.〉 "무더운 날에는 탈수 증상이 _____"
(3)	빨리…	〈상황: 아이가 밤늦게까지 스마트폰으로 게임을 하고 있습니다.〉 "게임은 그만하고 빨리 _____"
(4)	다음부터는…	〈상황: 학생이 수업 시간에 자주 지각을 합니다.〉 "다음부터는 _____"
(5)	제가 친척분들께…	〈상황: 어머니 칠순 잔치 일정이 정해져서 아들이 친척들에게 연락을 하려고 합니다.〉 "제가 친척분들께 _____"
(6)	이번 전체 회의 때는 반드시…	〈상황: 이번 전체 회의에는 한 사람도 빠짐없이 전원 참석해야 합니다.〉 "이번 전체 회의 때는 반드시 _____"
(7)	실내에서는…	〈상황: 우리 사무실은 금연이라서 담배를 피우면 안 됩니다.〉 "실내에서는 _____"

8. (보기)와 같이 「−지 않도록」을 사용하여 문장을 자유롭게 완성하십시오.

> (보기) 이번 주부터 갑자기 추워졌어요. 그래서 저는 감기에 걸리지 않도록
> 옷을 따뜻하게 입고 다니고 있어요.

(1) 이번 주말에 바이올린 연주회를 합니다. 연주회 때 _____
연습을 많이 해야겠어요.

(2) 내일은 7시까지 회사에 가야 해요. 그래서 아침에 _____ 알람
시계를 맞춰 놓았어요.

(3) 오후부터 비가 온다고 하는데 베란다에 빨래를 널면 젖을 것 같아요. 그래
서 _____ 거실에 널었어요.　　　　*빨래를 널다(洗濯物を干す)

(4) 다음 달에 시아버지 생신이 있어요. 그래서 _____ 달력에
빨간색으로 표시했어요.

(5) 눈이 와서 길이 미끄럽습니다. 그래서 사람들이 _____ 눈을
치웠습니다.

(6) 지진이 났을 때 책장이 넘어지면 위험해요. 그러니까 _____
잘 고정시키세요.　　　　*고정시키다(固定させる)

9. (보기)와 같이 「−도록」을 사용한 표현으로 문장을 완성하십시오.

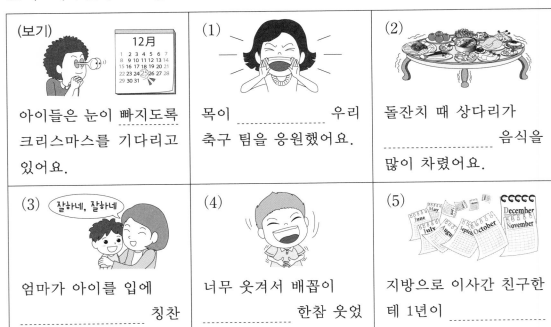

(보기)
아이들은 눈이 빠지도록
크리스마스를 기다리고
있어요.

(1)
목이 _____ 우리
축구 팀을 응원했어요.

(2)
돌잔치 때 상다리가
_____ 음식을
많이 차렸어요.

(3) 잘하네, 잘하네
엄마가 아이를 입에
_____ 칭찬
했어요.

(4)
너무 웃겨서 배꼽이
_____ 한참 웃었
어요.

(5)
지방으로 이사간 친구한
테 1년이 _____
연락이 없어요.

10. 다음 글을 읽고 질문에 답하십시오.

> 오늘은 전국적으로 매우 무더운 날씨였습니다. 서울의 낮 최고 기온은 ㉠ (37도이다) 대구는 39도까지 올랐습니다. 습도가 높아 체감온도는 사실상 40도에 가까웠습니다. 기상청은 이러한 폭염이 당분간 계속될 것으로 보고 있습니다. 지금 이곳 청계광장에는 열대야 현상으로 잠을 이루지 못하는 시민분들이 많이 나와 계십니다. 그러나 야외에 나와 있어도 더위를 (가) <u>식히기</u>에는 역부족인 것 같습니다. 무더운 날씨에는 무엇보다 건강을 ㉡ (해치지 않다) 조심하셔야겠습니다.

＊체감온도(体感温度)　기상청(気象庁)　폭염(猛暑)　역부족(力不足)　해치다(害する)

(1) 위의 ㉠, ㉡을 「－(으)며」와 「－도록」을 사용하여 알맞게 고치십시오.

　　㉠ (37도이다) → ----------------------------------

　　㉡ (해치지 않다) → ----------------------------------

(2) 위의 내용과 <u>틀린 것</u>을 고르십시오.

　　① 오늘은 전국적으로 아주 후덥지근한 날씨였다.

　　② 열대야 현상 때문에 잠 못 드는 사람이 많다.

　　③ 더위 때문에 건강을 해칠 수 있다.

　　④ 앞으로 기온은 좀 내려갈 전망이다.

(3) 위에 밑줄 친 (가) 「식히다」의 의미와 <u>다르게 쓰인 것</u>을 고르십시오.

　　① 오이는 열을 <u>식혀 주는</u> 효과가 있어서 한여름에 오이 마사지를 하면 좋다.

　　② 남은 밥을 <u>식힌 후에</u> 냉동실에 넣어 두면 오랫동안 보관할 수 있어요.

　　③ 장시간 회의를 해서 머리가 아프네요. 잠시 머리도 <u>식힐 겸</u> 산책하고 올게요.

11

제2과 호칭

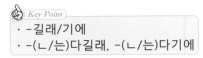

Key Point
· -길래/기에
· -(ㄴ/는)다길래, -(ㄴ/는)다기에

1. 괄호 안에 알맞은 가족 호칭 및 관련 단어를 쓰십시오.

(1) 결혼한 남자는 아내의 아버지를 (   )이라고 부르고, 어머니를
(   )이라고 부른다.

(2) 결혼한 여자는 남편의 부모님이 사는 집을 (   )이라고 부르고, 자신
의 부모님이 사는 집을 (   )이라고 부른다.

(3) 아버지의 여자 형제를 (   )라고 부르고, 남자 형제를 (   )
이라고 부른다.

(4) 어머니의 여자 형제를 (   )라고 부르고, 남자 형제를 (   )
이라고 부른다.

(5) 아들의 아내인 (   )를 부를 때는 '아가'라고 부르고, 딸의 남편인
(   )를 부를 때는 성에 '서방'을 붙여서 부른다.

(6) 남녀가 결혼하게 되면 두 집안은 (   ) 관계를 맺게 된다.

2. (보기)와 같이 알맞은 부사를 넣어 문장을 완성하십시오. (반복 사용 가능)

워낙	훨씬	어쩌면	도저히	제대로	어쩌다가	도대체

(보기) 이번 시험은 지난번 시험보다 훨씬 어려워서 도저히 풀 수 없었다.

(1) 조카가 _____ 노래를 잘해서 _____ 가수가 될지도 모르겠어요.

(2) 소희가 _____ 왜 화를 내는지 _____ 이해가 되지 않아요.

(3) 이 기술은 _____ 까다로워서 _____ 익힐 수 있을지 모르겠어요.

(4) _____ 지금 회사로 옮기게 됐는데 예전 회사보다 _____ 일하기 편하네요.

(5) 그 가수가 _____ 바빠서 _____ 인터뷰를 못 할 수도 있어요.

(6) 식당을 차리려면 요리를 _____ 배워서 해야 돼요. 안 그러면 요즘 경
쟁이 _____ 심해서 성공하기 힘들어요.

(7) 아빠: 이렇게 쉬운 문제를 _____ 왜 틀리니? 지난번에도 가르쳐 줬는데.
아들: 근데 아빠. 난 아무리 생각해도 _____ 모르겠어요.

3. 각 단어의 의미를 맞게 설명한 것을 골라 연결하십시오.

(보기) 당황하다 •

(1) 익히다 •

(2) 망가지다 •

(3) 쩔쩔매다 •

(4) 곤란하다 •

• ㉠ 부서지거나 고장이 나서 상태가 안 좋아 못 쓰게 되다　　　　*부서지다(壊れる)

• ㉡ 예상하지 못한 일이 생겨서 어떻게 해야 할지 모르다

• ㉢ 어떤 사람 앞에서 약해지거나 또는 어떤 일이 어려워서 힘들어하다

• ㉣ 기술을 배워서 익숙해지거나 또는 음식에 열을 가하다　　　　*가하다(加える)

• ㉤ 사정이 어렵고 힘들다　　　　*사정(事情)

4. 다음 밑줄에 공통으로 들어가는 단어를 위의 '문제 3번'에서 골라 알맞게 쓰십시오.

(1)	• 돼지고기는 잘 ＿＿＿＿＿＿ 먹어야 한다. • 그는 새로운 컴퓨터 프로그래밍 기술을 ＿＿＿＿＿＿ IT 회사에 취직했다.
(2)	• 텔레비전이 ＿＿＿＿＿＿ 새로 구입했다. • 그녀는 알코올 중독이 된 후 사람이 많이 ＿＿＿＿＿＿　　*중독(中毒)
(3)	• 밥을 먹는데 친구가 갑자기 울어서 ＿＿＿＿ • 합격자 명단에 내 이름이 당연히 있을 거라 생각했는데 없어서 ＿＿＿＿＿＿
(4)	• 시험 문제가 어려워 푸느라고 ＿＿＿＿ • 형제 중에서 막내를 제일 귀여워하는 아버지는 언제나 막내 앞에서 ＿＿＿＿

5. (보기)와 같이 「–길래」「–(으)니까」를 사용하여 문장을 완성하십시오.

–길래	–(으)니까
(보기) 자리가 비었길래 (나는) 앉았어요.	자리가 비었으니까 어서 앉으세요.
(1) 창문이 _____ 제가 닫았어요.	창문이 _____ 어서 닫으세요.
(2) 구식이네. 부모님 댁의 텔레비전이 _____ 새로 장만해 드렸어요.	부모님 댁의 텔레비전이 _____ 우리가 새로 장만해 드리는 게 어때요?
(3) 아이들이 시끄럽게 _____ 조용하라고 주의를 주었어요.	아이들이 시끄럽게 _____ 집중이 안 돼서 일을 못하겠어요.

6. 「의문사(疑問詞) + –길래」를 사용해서 대화를 완성하십시오.

(보기) 가: 도대체 **뭘** 먹었길래 그렇게 심하게 체했어요? *체하다(胃がもたれる)
　　　 나: 아까 찹쌀떡을 너무 급하게 먹었나 봐요.

(1) 가: **뭐라고** _____ 형님이 그렇게 언짢아해요?
　　 나: 잘 모르겠어요. 아무래도 제가 말실수를 한 것 같아요.
(2) 가: 이 잡채는 **어떻게** _____ 이렇게 맛있어요?
　　 나: 그냥 엄마가 가르쳐 주신대로 만들었을 뿐이에요.
(3) 가: 한국에서 친척 간의 호칭이 **얼마나** _____ 그렇게 힘들어해요?
　　 나: 말도 마세요. 하도 복잡해서 하나도 모르겠어요.
(4) 가: 두 사람 사이에 **무슨** 일이 _____ 서로 말도 안 해요?
　　 나: 그냥 좀 말다툼을 했어요.　　　　　　　　　　　 *말다툼(言い争い)

7. (보기)와 같이 「간접화법 + 길래」를 사용하여 대화를 완성하십시오.

(보기) 다음 주에 너희 집에 들를게.	경희: 수지 씨. 지금 대청소하세요? 수지: 네, 시어머니께서 다음 주에 <u>들르신다길래</u> 　　　정리도 할 겸 이것저것 치우고 있어요.
(1) 매일 외식해요.	남편: 무슨 반찬을 그렇게 많이 해? 아내: 도련님이 <u>　　　　　　　　</u> 많이 만들어서 　　　좀 갖다주려고.
(2) 렌즈를 끼지 마세요.	언니 : 안경 썼네. 너 안경 쓰는 거 안 좋아하잖아. 여동생: 안과에 갔더니 의사 선생님이 당분간 <u>　　</u> 　　　　　<u>　　　　　　　　</u> 어쩔 수 없이 썼어.
(3) 언제 오냐? 추석 때 갈게요.	아내: 추석 때 한국 가는 비행기 표가 없다고 하네. 남편: 장인어른께서 <u>　　　　　　　　</u> 이번 추석 　　　때 뵈러 간다고 했는데 어떡하지?
(4) 김 과장, 술 한잔 할까?	아내: 왜 이렇게 술을 많이 마셨어? 술 냄새가 여기 　　　까지 나잖아. 남편: 사장님께서 <u>　　　　　　　　</u> 따라갔다가 　　　3차까지 갔어.
(5) 열쇠가 없어. 빨리 와!	남훈: 급하게 어디 가? 지민: 엄마가 <u>　　　　　　　　</u> 서둘러서 가는 　　　길이에요.
(6) 좀 도와주세요. 네, 그러죠.	어머니: 오늘은 귀가 시간이 왜 이렇게 늦었니? 아들 : 동료가 일을 좀 <u>　　　　　　　　</u> 도와 　　　주고 오느라 늦었어요.

8. 밑줄 친 부분은 틀린 표현입니다. 「간접화법 + 길래」로 맞게 고쳐 쓰십시오.

> (보기) 부장님께서 어제 몇 시에 <u>퇴근했길래</u> 밤 9시에 퇴근했다고 했다.
> → 퇴근했냐길래

(1) 아들이 스테이크를 <u>먹고 싶길래</u> 저녁에 구워 주겠다고 했다.
→ ....

(2) 통 연락이 없던 친구한테 갑자기 전화가 와서 돈을 좀 <u>빌려 달길래</u> 거절했다.
→ ....

(3) 지후 씨가 나한테 서로 편하게 <u>말을 놓길래</u> 그렇게 하자고 했다.
→ ....

(4) 우리 딸이 밥을 먹었는데도 <u>배가 고프길래</u> 양념치킨을 시켜 줬다.
→ ....

(5) 동네 아주머니께서 어디에 <u>가길래</u> 약국에 가는 길이라고 대답했다.
→ ....

(6) 일기예보에서 저녁부터 비가 <u>내리길래</u> 지금 빨래를 걷고 있어요.
→ .... *빨래를 걷다(洗濯物を取り込む)

9. (보기)와 같이 밑줄 친 부분과 바꿔 쓸 수 있는 것을 고르십시오.

> (보기) 재훈 씨가 독서를 좋아하는 것 <u>같기에</u> 선물로 소설책을 준비했어요.
> ① 같길래   ② 같기에는

(1) 내 말에 친구가 곤란한 <u>표정을 짓기에</u> 더 이상 부탁하지 못했다.
　① 표정을 짓길래　② 표정을 짓기에는

(2) 이제 5시밖에 안 됐는데 <u>저녁 먹기에</u> 너무 이르지 않아?　*이르다(早い)
　① 저녁 먹길래　② 저녁 먹기에는

(3) 저는 일본어 통역사 시험이 너무 <u>어렵기에</u> 포기했습니다.
　① 어렵기에는　② 어렵길래

(4) 동생과 함께 유학가게 되면 비용이 많이 <u>들기에</u> 일단 동생만 보내기로 했다.
　① 들기에는　② 들길래

(5) 새로운 일에 <u>도전하기에</u> 이제 나이도 많고 용기도 없습니다.
　① 도전하기에는　② 도전하길래

(6) 지희 씨가 감기에 <u>걸린 것 같기에</u> 감기약을 사 주었다.
　① 걸린 것 같기에는　② 걸린 것 같길래

10. 다음 글을 읽고 질문에 답하십시오.

은희 : 아사노 씨, 남편 분이 한국 사람이라면서요? 한국 사람도 결혼하면 처음에는 시댁에 적응하느라 고생하는데 일본 분이 정말 대단하세요. 힘든 일이 한두 가지가 아니죠?

아사노: 네, 정말 그래요. 처음에 시댁에 갔을 때 많은 친척들을 소개받았는데 누가 누군지 몰라서 ① _____. 그리고 남편이 시댁 식구들을 부를 때 쓰는 ② _____ 이 어렵다고 해도 '뭐 그 정도쯤이야, (㉠)'라고 생각했는데 외우느라 쩔쩔맸어요. 사실 시아주버님을 아주머니라고 잘못 불러서 아주 곤란했던 적도 있었고요.

은희 : 시아주버님이 아주 ③ _____ 겠어요. 그럼 제사 음식도 할 줄 아세요?

아사노: 아니에요. 제사상을 직접 ④ _____ 기에는 아직 모르는 게 너무 많아요. 어머님과 아가씨가 거의 다 하시고 저는 옆에서 거들기만 해요.

은희 : 그렇군요. 제사 음식이 ⑤ _____ 까다로워서 한국 사람인 저도 시어머니의 도움을 많이 받고 있어요.

아사노: 한국 사람한테도 제사상은 어려운 거군요. 그래도 언젠가 제가 할 수 있도록 제대로 익히고 싶어요.

은희 : 저도요. 우리 같이 힘내요.

＊거들다(手伝う)

(1) 다음에서 ①~⑤에 들어갈 알맞은 단어를 골라 위의 대화를 완성하십시오.

호칭	워낙	어리둥절하다	당황하다	차리다

(2) ㉠에 들어갈 말로 적당하지 않은 속담을 고르십시오.

　① 그림의 떡이지　　② 식은 죽 먹기지　　③ 누워서 떡 먹기지

(3) 윗글의 내용과 일치하는 것을 고르십시오.

　① 아사노 씨는 맏며느리다.

　② 아사노 씨는 제사 음식에 별로 관심이 없다.

　③ 아사노 씨는 가족의 호칭을 잘못 사용한 적이 있다.

　④ 은희 씨는 제사 음식을 준비할 때 혼자서 다 한다.

제3과 당일 여행

1. 다음 설명에 맞는 단어를 골라 쓰십시오. 해당되지 않는 단어도 있습니다.

엽전	도심	맛집	찻잔	근교	야식	명소	모녀	비용

(1) ----------- : 엄마와 딸

(2) ----------- : 차를 마실 때 사용하는 컵

(3) ----------- : 음식이 맛있다고 알려진 식당

(4) ----------- : 밤늦은 시간에 먹는 음식

(5) ----------- : 조선시대 때 사용했던 화폐　　　　　　　*화폐(貨幣)

(6) ----------- : 아름다운 경치나 유적지가 있는 유명한 곳

2. 다음을 「명사(名詞) + 하면」과 어울리는 것을 연결하고 문장을 말해봅시다.

(보기) <u>눈축제 하면</u> 삿포로가 가장 가 볼 만하지요.

(보기) 눈축제 •　　　　• ㉠ 삼계탕을 먼저 꼽을 수 있다.

(1) 보양음식 •　　　　• ㉡ 삿포로가 가장 가 볼 만하다.

(2) 가을 •　　　　• ㉢ 물건 값이 저렴하다는 생각을 한다.

(3) 여행 •　　　　• ㉣ 단풍이 떠오른다.

(4) 재래시장 •　　　　• ㉤ 맛집이 빠질 수 없다.

3. 다음 중 알맞은 부사를 골라 써넣으십시오.

바로	이제	여전히	어쨌든

(1) 제가 지난번에 말씀드린 식당이 (　　　　) 저기예요.

(2) 그 가수는 10년이 지나도 (　　　　) 인기가 대단하다.

(3) 어렸을 때는 부모님이 이해가 안 갔는데 (　　　　)는 이해할 수 있어요.

(4) (　　　　) 이번 일은 내가 미안하게 됐다.

4. 다음에서 공통으로 들어가는 단어를 골라 알맞게 써넣으십시오.

소박하다	다가오다	잘되다	냉정하다

(1) • 절의 음식이나 옷차림은 ＿＿＿＿＿＿＿＿ 지요.

　　• 저는 가족들이 건강했으면 하는 ＿＿＿＿＿＿ 바람을 갖고 있을 뿐입니다.

(2) • 이런 일은 감정적으로 풀기보다는 ＿＿＿＿＿ 판단해야 해요.

　　• 내가 도와달라고 말했지만 그는 ＿＿＿＿＿ 거절했다.

(3) • 새로 시작한 프로젝트는 지금 ＿＿＿＿＿ 고 있습니까?

　　• 이 수영장은 시설이 아주 ＿＿＿＿＿ 어 있어요.

(4) • 어떤 외국인이 나한테 ＿＿＿＿ 길을 물었어요.

　　• 벌써 캐럴이 들리는 걸 보니 크리스마스가 ＿＿＿＿＿ 걸 느끼겠어요.

5. 다음 중 알맞은 단어를 골라 맞는 형태로 써넣으십시오.

다하다	들다	겪다	당첨되다	털어놓다

(1) 저기서 파는 복권이 ＿＿＿＿＿ 확률이 높아서 사람들이 많이 사러 온대요.

(2) 어머님께서는 방금 약을 드시고 잠자리에 ＿＿＿＿＿

(3) 혼자 고민하지 말고 친구에게 다 ＿＿＿＿＿ 마음이 편해질 거예요.

(4) 불행을 ＿＿＿＿＿ 사람일수록 행복의 소중함을 잘 알 수 있습니다.

(5) 이번에는 결승까지 못 갔지만 다음에는 결승까지 가도록 최선을 ＿＿＿＿＿

6. 다음은 사이시옷 관련 단어입니다. 밑줄친 단어가 맞으면 ○, 틀리면 ×를 하고 맞게 고치십시오.

(1) 화장실은 저쪽에 있습니다. (　　　)

(2) 어제밤에 이상한 꿈을 꾸었어요. (　　　)

(3) 늦가을에 떨어지는 나무잎을 보면 인생을 생각하게 된다. (　　　)

(4) 밤에 위층에서 뛰어다니는 소리 때문에 잠을 못 자겠어요. (　　　)

(5) 한국에서는 웃어른에게 아이들이 존대말을 써야 합니다. (　　　)

7. (보기)와 같이 괄호 안에 알맞은 단어를 골라 맞는 형태로 써넣으십시오.

승차권	예술가	엽전	한옥	돌아다니다	타고 내리다

　다음 주에 한국 출장을 간다. 가는 김에 서울 관광도 하고 싶지만 자유 시간이 많지 않다. 근데 오늘 재희 씨가 시간이 많이 없을 때 이용하면 편리한 서울 시티투어버스를 알려 주었다. 이 버스는 (보기) 승차권을 사면 그날 하루는 지정된 역에서 자유롭게 ① ＿＿＿＿＿＿＿ 수 있다고 한다. 투어코스도 여러 가지가 있는데 재희 씨는 통인시장이라는 곳을 권했다. 그 시장에서는 옛날 ② ＿＿＿＿＿＿ 으로 물건을 사는데, 특히 흥미로운 것은 시장을 ③ ＿＿＿＿＿＿＿ 면서 좋아하는 반찬을 골라 맛있는 도시락을 만들어 먹을 수 있다고 한다. 그리고 재희 씨는 통인시장에서 가까운 서촌도 가 보라고 했다. 그곳은 ④ ＿＿＿＿＿＿ 들이 많이 살았던 곳인데 옛 ⑤ ＿＿＿＿＿＿ 이 여전히 남아 있어서 도심과는 다른 분위기를 느낄 수 있다고 한다.

8. 다음 괄호 안의 단어를 「–(ㄴ/는)다면」으로 바꿔 문장을 완성하십시오.

　여러분은 과거로 ① (돌아가다) 언제로 돌아가고 싶습니까? 저는 초등학생 때로 가고 싶습니다. 왜냐하면 클래식 기타를 제대로 배워 보고 싶기 때문입니다. 그래서 성공한 기타리스트가 ② (되다) 많은 관중들 앞에서 제가 좋아하는 클래식을 멋있게 연주해 보고 싶습니다.

　사실 저는 악기를 배운 적이 없어서 연주자에 대한 동경을 가지고 있습니다. 그래서 악기를 잘 다루는 사람을 보면 부러울 따름입니다. 제가 어렸을 때 악기를 한 가지라도 제대로 ③ (익히다) 지금쯤 멋진 연주자가 되었을지도 모릅니다. 지금 제 나이가 예순에 가깝지만 지금이라도 ④ (가능하다) 기타 학원에 다녀 볼까 합니다. 이렇게 나이가 들어서 기타를 배워도 잘 칠 수 있을까요? 여러분이 ⑤ (저이다) 어떻게 하시겠습니까?

＊동경(憧れ)

① ＿＿＿＿＿＿＿＿＿　② ＿＿＿＿＿＿＿＿＿　③ ＿＿＿＿＿＿＿＿＿

④ ＿＿＿＿＿＿＿＿＿　⑤ ＿＿＿＿＿＿＿＿＿

9. 「–(ㄴ/는)다면」과 「–(으)면」 중 맞는 것을 고르십시오.

(1) 내가 (남자라면 / 남자면) 멋진 군인이 되고 싶어요.

(2) 이 길을 쭉 가다가 약국에서 왼쪽으로 (돈다면 / 돌면) 은행이 있어요.

(3) 올봄에 벚꽃이 (핀다면 / 피면) 같이 벚꽃놀이하러 가요.

(4) 내가 하늘을 (날 수 있다면 / 날 수 있으면) 바다를 건너가 보고 싶어요.

(5) 만약 어린 시절로 (돌아간다면 / 돌아가면) 시골에서 살아 보고 싶어요.

(6) 나중에 할머니가 (된다면 / 되면) 유람선을 타고 세계 일주를 하고 싶어요.

10. (보기)와 같이 「–(으)려면」을 사용하여 상대방에게 자유롭게 조언을 해 봅시다.

(보기) 가: 길이 막히는데 공항까지 제시간에 갈 수 있을지 걱정이에요.	나: 제시간에 가려면 아무래도 전철로 가는 게 낫겠어요.
(1) 가: 새로 나온 청소기를 사고 싶은데 가격이 꽤 비싸더라고요.	나: 싸게
(2) 가: 비자를 신청해야 하는데 꼭 본인이 가야 하나요?	나: 물론이죠. 비자를
(3) 가: 여보세요. 서울무역입니다. 부장님하고 통화하고 싶은데요. 지금 계십니까?	나: 죄송합니다. 지금 안 계십니다. 부장님과
(4) 가: 가수로 데뷔하고 싶은데 어떻게 하면 될까요?	나:
(5) 가: 학교 친구에게 스키야키를 만들어 주고 싶은데 재료는 뭐가 필요해요?	나:

11. 주어진 단어를 「-고 나니까」 또는 「-고 나면」을 사용하여 알맞게 써넣으십시오.

(1) 그 이야기를 직접 (듣다 → ....) 생각이 더 복잡해지네요.

(2) 도자기 체험을 (해 보다 → ....) 본격적으로 배우고 싶어졌어요.

(3) 보고서를 다 (읽다 → ....) 지난번 안건에 대해서 생각이 달라질
거예요.   *안건(案件)

(4) 아이가 초등학교에 (들어가다 → ....) 다시 직장에 다닐까 해요.

(5) 취업을 (하다 → ....) 학창 시절이 더 그리워지는 것 같아요.

(6) 운동하면서 땀을 (흘리다 → ....) 머리가 더 맑아질 거예요.

12. (보기)와 같이 「-고 나서」를 사용하여 대화를 완성하십시오.

> (보기) 가: 시간도 늦었는데 안 자?
>
> 나: 경미가 아직 안 들어와서요. 애가 들어오는 거 <u>보고 나서 잘게요.</u>

(1) 가: 좀 추운데 창문 닫을까요?
    나: 음식 냄새가 나서요. 잠깐 환기를 ....

(2) 가: 새 소설에 대한 아이디어가 있다고 들었는데 언제쯤 쓰실 거예요?
    나: 지금 쓰고 있는 소설을 ....

(3) 가: 여보, 결혼 기념일에 갈 레스토랑은 예약했어?
    나: 아직이요. 몇 군데를 좀 더 ....

(4) 가: 빈 그릇은 먼저 치울까요?
    나: 아직 식사가 안 끝난 사람도 있으니까 ....

(5) 가: 회의 끝났어요?
    나: 아뇨, 잠깐 쉬는 거예요. 머리 좀 ....

(6) 가: 카레라이스를 만들 때 감자와 당근을 처음부터 물에 넣고 끓여요?
    나: 아뇨, 감자하고 당근을 기름에 살짝 ....

13. 다음 글을 읽고 질문에 답하십시오.

〈도쿄 근교 당일 여행지로 손꼽히는 가마쿠라〉

　화려한 네온사인과 바쁘게 움직이는 도시를 잠시라도 ① (벗어나고 싶다) 아름다운 자연과 역사적인 건물들이 어우러진 옛 수도 가마쿠라로 당일 여행을 떠나 보는 것은 어떻습니까?

　도쿄에서 가마쿠라까지는 약 한 시간 반이면 갈 수 있습니다. 대불(大仏)이나 쓰루가오카 하치만구(鶴岡八幡宮)와 같은 유명한 절이나 신사를 ② (찾아가다) 아름다운 해변을 따라 달리는 에노덴(江ノ島電鉄)을 이용하십시오. 가마쿠라에는 명소가 많은데, ☐(가)☐ 가마쿠라에서도 좀 더 여유롭고 조용한 곳을 ③ (원하다) 가마쿠라 역에서 버스로 10분 정도 떨어져 있는 호코쿠지(報国寺)를 추천합니다. 호코쿠지는 작고 소박한 절이지만 절 뒤에 있는 대나무 숲은 많은 사람들이 이곳을 보기 위해 일부러 찾아올 만큼 아름다운 곳입니다. 울창한 대나무 숲을 산책하고 일본의 전통 말차(抹茶)를 마시다 보면 도시의 피곤함을 모두 잊어버릴 것입니다.

　가마쿠라의 역사와 자연을 ④ (만끽하다) 마지막으로 맛집이 많은 고마치(小町) 거리에서 신선한 작은 멸치를 밥 위에 얹은 시라스동(しらす丼)을 맛볼 것을 추천합니다.

＊벗어나다(離れる)　어우러지다(混じり合う)　울창한(こんもりした)　만끽하다(満喫する)
　얹다(載せる)

(1) 위의 ①~④를 「-ㄴ/는다면」, 「-(으)려면」, 「-고 나서」의 문형 중에서 알맞은 것을 골라 바꿔 쓰십시오.

　① 벗어나고 싶다 → ------------------　② 찾아가다 → ------------------

　③ 원하다 → ------------------　④ 만끽하다 → ------------------

(2) 위의 (가)에 들어갈 알맞은 부사를 고르십시오.

　① 훨씬　　　　② 특히　　　　③ 바로　　　　④ 워낙

(3) 위 내용과 <u>일치하지 않는 것을 두 개</u> 고르십시오.

　① 도쿄에서 가마쿠라까지는 두 시간 이내에 갈 수 있다.

　② 호코쿠지는 화려한 절로 유명하다.

　③ 에노덴을 타면 바다가 보인다.

　④ 쓰루가오카 하치만구에서는 울창한 대나무 숲을 산책할 수 있다.

제4과 한국의 면과 떡

☞ Key Point
· -아/어 두다
· -(으)ㅁ
· -아/어서 그런지
· -다시피

1. 그림과 표현이 서로 맞는 것끼리 연결하십시오.

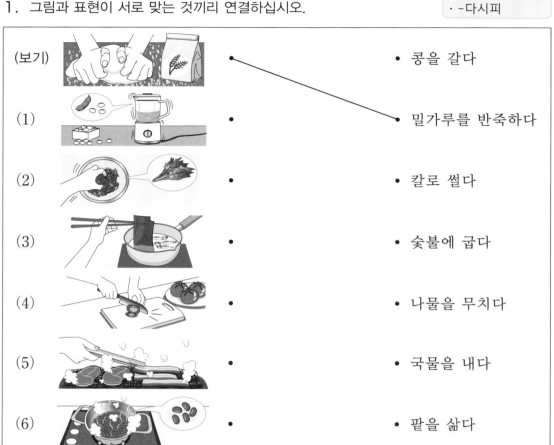

(보기) • • 콩을 갈다

(1) • • 밀가루를 반죽하다

(2) • • 칼로 썰다

(3) • • 숯불에 굽다

(4) • • 나물을 무치다

(5) • • 국물을 내다

(6) • • 팥을 삶다

2. (보기)와 같이 위의 '문제 1번'에서 알맞은 표현을 골라 문장을 완성하십시오.

> (보기) 빵이나 면 요리는 주로 <u>밀가루를 반죽해서</u> 만든다.

(1) 콩국수는 _____ 만든 시원한 국물에 면을 넣은 요리이다.
(2) 숯불구이는 고기를 _____ 것을 말한다.
(3) 잔치국수는 멸치와 다시마로 _____ 국물맛이 시원하다.
(4) 제철 _____ 먹으면 건강에도 좋고 식욕도 생긴다.
(5) 동지 때 붉은 _____ 죽을 만들어 먹는 이유는 나쁜 운을 쫓아낸
다고 믿기 때문이다.   *동지(冬至)
(6) 칼국수는 반죽을 얇게 민 후 가늘게 _____ 만든 면 요리이다.
                                          *반죽을 밀다 (生地を伸ばす)

3. 〈보기〉와 같이 그림을 보고 맞는 단어를 써넣어 문장을 완성하십시오.

〈보기〉
제 발표 순서가 다가오니까 가슴이 <u>두근거려</u>요.

(1)
떡에 아름다운 꽃무늬가 찍＿＿＿ 있어요.

(2)
1. 냉면
2. 콩국수
3. 삼계탕
냉면은 여름철의 대표적인 음식으로 손＿＿＿

(3)
우리 귀요미
우리집 막내에게 '귀요미'라는 별명이 붙＿＿＿

(4)
찰떡이나 치즈떡볶이는 씹는 맛이 쫄＿＿＿
*씹는 맛(歯ごたえ)

(5)
Restaurant
인기 있는 식당은 늘 손님들로 북＿＿＿

4. 밑줄친 부분과 반대되는 뜻을 가진 단어를 골라 괄호에 써넣으십시오.

비화	적자	귀하다	굶다	해롭다	느끼하다

〈보기〉 누구에게나 잘 알려진 일화 외에도 아직 밝혀지지 않은 (비화)가 많다.

(1) 옛날에 면 요리는 지금처럼 <u>흔한</u> 음식이 아니라 먹기 힘든 (　　　　) 음식이었다.

(2) 점심과 저녁은 <u>잘 챙겨 먹지만</u> 아침은 먹을 시간이 없어서 (　　　　) 날이 많아요.

(3) 그 회사는 작년까지는 <u>흑자</u>였지만 올해는 경기 악화로 (　　　　)가 났다.

(4) 건강에 <u>이로운</u> 음식이 있는 반면 건강에 안 좋은 (　　　　) 음식도 있다.
*이롭다(ためになる)

(5) 이 곱창 요리는 생각보다 (　　　　) 않아 맛이 <u>담백하네요</u>.
*곱창(ホルモン)

5. (보기)와 같이 「-아/어 두다」를 알맞게 써넣어 문장을 완성하십시오.

(보기) 미리 <u>썰어 둔</u> 채소와 면을 육수에 넣고 끓이세요.

(1) 여름에는 음식이 쉽게 상하니까 냉장고에 _____세요.

(2) 다음 주에 스키 타러 가니까 스키복을 옷장에서 _____야겠어요.

(3) 뮤지컬 표를 미리 _____는데 갑자기 일이 생겨서 못 가게 됐어요.

(4) 주말에 등산 약속이 있으니까 학교 숙제는 미리 _____게 좋겠네요.

(5) 가: 이번 주 토요일에 우에노 공원에 벚꽃놀이 하러 오는 사람들이 많을 텐데 자리가 있을까요?

　　나: 제가 그날 좀 일찍 가서 자리를 _____도록 할게요.

(6) 가: 친구들이 곧 도착할 것 같은데 음식은 어떡하지?

　　나: 벌써 치킨집에 전화해서 _____니까 걱정하지 마.

6. 다음을 읽고 「-(으)ㅁ」을 사용하여 문장을 완성하십시오.

> 어젯밤에 20대인 김 모 씨가 편의점 절도 혐의로 경찰에 붙잡혔습니다. 김 모 씨는 경찰의 질문에 눈을 피하며 자신은 편의점에서 돈을 훔친 적이 없다고 말했지만 경찰은 거짓말을 하고 있는 것으로 보고 있습니다. 그 이유는 CCTV에 찍힌 범인의 얼굴과 옷차림이 김 모 씨와 같았기 때문입니다. 또한 김 모 씨의 지인은 그가 최근에 도박에 빠져 있었다고 증언했습니다. 경찰은 김 모 씨가 현재 많은 빚을 지고 있으며, 아무래도 빚 때문에 범죄를 저지른 것으로 보인다고 말했습니다. 현재 상황으로 보아 김 모 씨가 범인인 것이 거의 확실해 보입니다.

*절도 혐의(窃盗の疑い)　도박(賭博)　빚을 지다(借金する)　저지르다(犯す)

(보기) 김 모 씨가 눈을 피하는 것을 보면 <u>거짓말을 하고 있음을</u> 알 수 있다.

(1) CCTV를 보면 김 모 씨와 범인의 옷차림이 _____ 알 수 있다.

(2) 지인에 의해서 김 모 씨는 도박에 _____ 밝혀졌다.

(3) 김 모 씨는 많은 _____ 드러났다.　　*드러나다(現れる)

(4) 김 모 씨는 빚 때문에 _____ 틀림없다.

(5) 김 모 씨가 _____ 분명하다.

26

7. 〈보기〉와 같이 「-아/어서 그런지」를 사용하여 대화를 완성하십시오.

〈보기〉 가: 한국에는 떡과 관련된 속담이 많네요.

나: 네, 옛날부터 떡을 즐겨 먹어서 그런지 떡과 관련된 속담이 많아요.

(1) 가: 다음 주에 약속이 있는 것도 깜박하실 정도로 바쁘신가 봐요.

　　나: 미안해요. 연말이라 _____

(2) 가: 비염은 좀 좋아지셨나요?　　　　　　　　　　　　　　＊비염(鼻炎)

　　나: 네, 요즘 한약을 _____

(3) 가: 저녁 식사 같이 하러 갈래요?

　　나: 제가 점심을 늦게 _____

(4) 가: 오늘은 탄산음료를 많이 드시네요.

　　나: 튀김 요리는 기름기가 _____

(5) 가: 날씨가 너무 _____

　　나: 그러네요. 시내가 정말 한산하네요.　　　　＊한산하다(閑散としている)

(6) 가: 다음 달에 연휴도 없는데 비행기 표가 너무 비싸네요.

　　나: 올림픽이 _____

8. 〈보기〉와 같이 「-다시피 하다」 사용해서 문장을 완성하십시오.

〈보기〉 더운 여름날에 땀으로 목욕하다시피 하면서 등산했어요.

(1) 장마철이라서 그런지 비가 매일 _____

(2) 한국어 말하기 대회에서 발표할 원고를 거의 다 _____

(3) 우리 딸이 공무원 시험 공부한다고 매일 밤을 _____ 걱정이야.

(4) 저는 걸쭉한 국물을 좋아해서 칼국수를 매일 _____

(5) 어제 쓴 글이 마음에 안 들어서 오늘 거의 새로 _____

(6) 국가대표 선수들은 경기를 앞두고 수영장에서 거의 _____ 훈련
하고 있다.

(7) 그 배우는 젊은 시절에 너무 가난해서 거의 매일 밥을 _____ 고
합니다.

9. (보기)와 같이 「–다시피」를 사용해서 문장을 완성하십시오.

(보기)

올해
작년

발표자: 이 그래프로 <u>알 수 있다시피</u> 올해 저희 회사는 적자에서 흑자로 돌아섰습니다.

(1)

동료: 여기 _____ 일이 너무 많이 쌓여 있어서 다음 주까지 도저히 시간이 나지 않습니다.

(2)

가 나 다 라 마 바..
あいうえお
アイウエオ

교사: 여러분도 잘 _____ 한국에는 한글이라는 문자가 있으며, 일본에는 히라가나와 가타카나가 있지 않습니까?

(3)

윤기가 다음 주에 유학을 간대.
정말??
지민   정국

윤기: 정국아, 지민이한테 _____ 나 다음 주에 파리로 유학 가게 되었어.

(4)

한국어 발표회
최우수상은~
내 짐작에는 와타나베 씨가 일등이야.

사회자: 다들 _____ 이번 한국어 발표회에서는 와타나베 씨가 최우수상입니다.

(5)

금요일까지 입니다.

거래처 직원: 지난주에 제가 이미 _____ 더 이상 연기할 수 없습니다. 이번 주 금요일까지 제품을 보내 주십시오.

(6)

다음에는 여유있게 와야지.
왜 이렇게 짧게 느껴지지?

가이드: 다들 _____ 2박 3일간의 여행은 굉장히 짧습니다. 이곳을 제대로 보고 느끼시려면 최소한 일주일은 필요합니다.

(7)

친구: 너도 _____ 우리 집에 고양이가 두 마리나 있잖아. 집을 오래 비우기는 좀 어려우니까 당일 여행을 가자.

10. 〈보기〉와 같이 주어진 표현과 문형을 이용해서 대화를 자유롭게 완성하십시오.

> 〈보기〉 가: 다음 주에 이사를 가는데 짐이 너무 많아서 걱정이에요.
> 　　　　나: (조금씩 / 시간을 내다 / 짐을 싸다 / -게 어때요?)　　문형: -아/어 두다
> 　　　　→ 조금씩 시간을 내서 미리 짐을 싸 두는 게 어때요?

(1) 가: 담배도 안 피우는 명희가 폐암이래. 흡연자인 남편은 괜찮은데….

　　나: (너도 알다 / 간접흡연 / 몸에 해롭다)　문형: -다시피

　　→ _____

(2) (문자 메시지) 가: 주문한 상품은 내일까지 배달이 가능합니까?

　　　　　　　　나: (태풍 / 배송이 지연되다 / 알려 드리다)　문형: -(으)ㅁ

　　→ _____

(3) 가: 몸이 안 좋아서 회사를 쉬셨다면서요? 이제 좀 괜찮으신가요?

　　나: (독감 / 죽다 / 다 낫다)　문형: -다시피 하다

　　→ _____

(4) 가: 희경 씨는 많은 사람 앞에서 발표할 때 전혀 안 떠네요.

　　나: (경험이 많다 / 발표하다 / 익숙하다)　문형: -아/어서 그런지

　　→ _____

　　　　　　　　　　　　　　　　　　　　＊떨다 ((緊張して)震える)

11. 다음에서 알맞은 단어를 골라 빈칸에 써넣으십시오.

일상생활	속담	답례품	문양	잔칫날

소희: 이렇게 저희 어머니 환갑잔치에 와 주셔서 정말 감사드려요. 음식은 좀 드
　　　셨어요? 여기 떡이나 맥주도 좀 드세요.

유코: 감사합니다. 근데 이 절편은 쑥을 넣어서 그런지 색이 아주 곱네요. 떡에
　　　찍힌 이건 무슨 모양이에요?

소희: 수레바퀴 ① _____이에요. 절편은 모양과 색이 아름다워서
　　　② _____에는 꼭 준비하죠.

유코: 그렇군요. 절편을 담은 이 접시도 아주 예쁘네요.

소희: 이 접시는 오늘 환갑잔치에 와 주신 분들께 ③ _____으로 준비한
　　　선물이기도 해요. '보기 좋은 떡이 먹기에도 좋다'는 ④ _____처럼
　　　예쁜 접시에 음식을 담으니까 더 맛있어 보이죠?

유코: 정말 그러네요. 그러고 보니 한국에는 떡과 관련된 속담이 정말 많네요.
　　　'그림의 떡'이나 '누워서 떡 먹기' 같은 속담을 자주 들어요.

소희: 아마 떡은 우리 조상들이 ⑤ _____에서 자주 먹었던 음식이라서
　　　그런지도 몰라요.

제5과 아름다운 이야기

Key Point
· -(으)ㄴ/는데도 (불구하고)
· -(이)야말로
· -(으)ㄹ 바에(야)

1. (보기)와 같이 같은 한자음을 참고하여 한국어로 쓰십시오.

(보기) 人類/種類   인류 / 종류

(1) 収益金/収入 ＿＿＿＿＿ / ＿＿＿＿＿   (6) 認識/意識 ＿＿＿＿＿ / ＿＿＿＿＿

(2) 治癒/治療 ＿＿＿＿＿ / ＿＿＿＿＿   (7) 心臓病/心理学 ＿＿＿＿＿ / ＿＿＿＿＿

(3) 共感/感覚 ＿＿＿＿＿ / ＿＿＿＿＿   (8) 才能/能力 ＿＿＿＿＿ / ＿＿＿＿＿

(4) 奇跡/遺跡地 ＿＿＿＿＿ / ＿＿＿＿＿   (9) 発明品/発酵 ＿＿＿＿＿ / ＿＿＿＿＿

(5) 生命/人生 ＿＿＿＿＿ / ＿＿＿＿＿   (10) 非営利/利子 ＿＿＿＿＿ / ＿＿＿＿＿

2. 다음 빈 칸에 알맞는 글자를 써넣으십시오.

(보기) 익 명 : 이름을 숨김.

(1) ☐☐차 : 새것이 아닌, 사용한 적이 있는 자동차.

(2) 연☐ : 1년간 받는 직장인의 급여.   *급여(給与)

(3) 후☐ : 뒤에서 도움을 주는 것.

(4) ☐약 : 면역력을 높이고 몸의 기력을 돕는 약.   *기력(気力)

(5) ☐인 : 아는 사람.

(6) ☐온 : 몸의 온도.

(7) ☐☐견 : 주인에게 버려진 개.

(8) ☐☐성어 : 네 글자의 한자로 만들어진 말.

3. 다음에서 알맞은 단어를 골라 밑줄에 적절한 형태로 쓰십시오.

띄다	태우다	보다	들다	따지다	담기다

(1) 옷 색깔이 형광색이라서 멀리서도 눈에 잘 ＿＿＿＿＿＿   ＊형광색(蛍光色)

(2) 회의 때 하고 싶은 말이 있지만 사장님 눈치를 ＿＿＿＿ 게 돼요.

(3) 잘잘못을 ＿＿＿＿＿ 전에 먼저 상대방 입장에서 생각해 보면 어때요?

(4) 가: 이번에 입원비가 많이 나왔겠어요.

　　나: 다행히 작년에 보험을 ＿＿＿＿＿ 게 있어서 부담이 크지 않았어요.

(5) 가: 어머, 선아 씨는 노래도 잘하고 그림도 잘 그리고 팔방미인이네요.

　　나: 아휴, 너무 비행기 ＿＿＿＿＿ 마세요.

(6) 가: 오래간만에 잡채를 만들었더니 맛이 생각보다 별로인 것 같아요.

　　나: 아니에요. 정성이 ＿＿＿＿＿ 그런지 맛있는데요.

4. 알맞은 단어를 골라 밑줄에 써넣고 같은 의미의 표현과 연결하십시오.

차다	말리다	견디다	가난하다	탁월하다	공감하다

(보기) 팔찌를 찼어요.　　●　　　　　　● ㉠ 같은 생각이다

　　　　　　　　　　　　　　　　　　● ㉡ 착용하다

(1) 아이들 싸움을 ＿＿＿＿＿　●

(2) 당신 의견에 저도 ＿＿＿＿＿　●　　　　● ㉢ 경제적으로 힘들다

(3) 프레젠테이션을 ＿＿＿＿＿
　　잘해요.　　　　　　　　　　　　　　● ㉣ 뛰어나다

(4) 옛날에는 ＿＿＿＿＿ 나라였지
　　만 지금은 선진국이 되었어요.　　　● ㉤ 참다
　　　　　　　　　　　　　　　　　　　　＊선진국(先進国)

(5) 힘든 훈련을 ＿＿＿＿ 나면
　　좋은 결과가 있을 거예요.　　　　　● ㉥ 그만두게 하다

5. 다음 빈칸에 들어갈 알맞은 부사를 골라 쓰십시오. (반복 사용 가능)

종종	내내	술술	점점

(1) 독감에 걸려 집에서 일주일 ＿＿＿＿＿＿ 먹고 자면서 쉬었다.

(2) 지금은 경기가 안 좋지만 앞으로 ＿＿＿＿＿＿ 좋아질 겁니다.

(3) 시내에 나가면 ＿＿＿＿＿＿ 들르는 제과점이 있다.　　＊제과점(ベーカリー)

(4) 한국어를 얼마나 공부하면 한국 사람처럼 ＿＿＿＿＿＿ 말할 수 있을까요?

(5) 사장님은 오늘 회의 시간 ＿＿＿＿＿＿ 잔소리만 하셨다.

(6) 그 학생은 역시 어려운 문제도 ＿＿＿＿＿＿ 잘 풀더라고요.

6. (보기)와 같이 「맨-」이 들어간 단어를 사용하여 문장을 완성하십시오.

(보기)	(1)
태권도 선수는 벽돌을 맨손으로 깼습니다. ＊벽돌(煉瓦)	아이들은 해변을 ＿＿＿＿＿＿ 뛰어 다녔어요.
(2)	(3)
다리가 아파서 ＿＿＿＿＿＿ 아무것도 깔지 않고 그냥 앉았다.	여러분, ＿＿＿＿＿＿ 줄부터 앉아 주세요.
(4)	(5)
편의점은 이 건물 ＿＿＿＿＿＿ 층에 있습니다.	저는 지하철에서 ＿＿＿＿＿＿ 자리가 제일 편해요.

7. (보기)와 같이 「–(이)야말로」를 사용하여 문장을 완성하십시오.

(보기) 건강하지 않으면 행복할 수 없습니다.

  → 건강이야말로 행복의 필수 조건입니다.

(1) 일본 음식 중에서 초밥이 제일 유명합니다.

  → _____ 일본을 대표하는 음식입니다.

(2) 스키를 좋아하는 사람이라면 나가노에 꼭 가 보세요.

  → _____ 스키장으로 유명한 곳입니다.

(3) 인생에서 친구는 참 소중한 존재입니다.

  → _____ 인생에서 정말 소중한 존재입니다.

(4) 다음 세대를 위해 우리는 자연을 보호해야 합니다.

  → _____ 우리가 다음 세대를 위해 해야 할 일입니다.

8. 「–(으)ㄴ/는데도 (불구하고)」를 사용하여 대화를 완성하십시오.

(보기) 가: 보약을 세 달 정도 먹었으면 건강이 많이 좋아졌겠네요.

  나: 아니에요. 보약을 세 달이나 먹었는데도 (불구하고) 안 좋아지네요.

(1) 가: 그 교수님께 메일을 몇 번이나 _____

  나: 그 분은 원래 답장을 잘 안 하신대요.

(2) 가: 언니, 영어 학원을 3년이나 다녔으면 이제 잘하겠다.

  나: 잘하기는. 3년을 _____

(3) 가: 이 식당은 음식이 _____

  나: 그러게요. 음식이 이렇게 맛있으면 손님이 많을 텐데….

(4) 가: 이 집은 _____

  나: 이 근처는 교통이 워낙 편해서 오래된 집이라도 비싼 편이에요.

(5) 가: 이렇게 날도 추운데 종국이가 등산 갔다고? 좀 말리지 그랬어?

  나: 제가 _____

(6) 가: 일본에 오신 걸 환영합니다.

  나: _____ 감사합니다.

  가: 바쁘기는요. 당연히 공항까지 마중을 나와야죠.

9. (보기)와 같이 「-(으)ㄹ 바에(야)」와 「-느니」를 사용하여 말하는 사람의 생각을 쓰십시오.

> (보기) 어제는 좀 한가해서 쇼핑하러 갔는데 아주 싼 옷 가게가 있어서 들어가
> 봤다. 옷은 아주 쌌지만 마음에 딱 드는 게 없었다. 싼 걸 사면 몇 번
> 안 입고 버리게 될 것 같아서 아무것도 안 사고 그냥 나왔다.
> → '싼 걸 사서 금방 버릴 바에야 / 버리느니
> 차라리 안 사는 게 낫지.'라고 생각했다.

(1) 공원을 산책하다가 다리도 좀 아프고 날씨도 쌀쌀해서 따뜻한 커피 한 잔이
생각났다. 공원 근처에 새로 생긴 카페에 들어가려고 했는데 카페 안이 담
배 연기로 가득 차 있었다. 그래서 자판기에서 커피를 뽑아서 공원 벤치에
서 마셨다. *차다(満ちる)

→ '_____ 바에야 / _____ 느니
_____ 게 낫겠다.'고 생각했다.

(2) 아들이 피아노를 배우기 시작해서 중고 피아노를 한 대 샀다. 하지만 우리
아들은 피아노에 관심이 없는지 좀처럼 연습을 하려고 하지 않는다. 자리만
차지하는 피아노를 좁은 집에 두는 것보다는 필요로 하는 사람에게 줘야겠
다.

→ '_____ 바에야 / _____ 느니
_____ 게 좋을 것 같다.'고 생각했다.

(3) 딸한테 집안일을 시키려고 설거지를 하라고 했더니 텔레비전만 본다. 몇 번
을 얘기해도 이따가 할 거라고만 한다. 딸에게 시키는 것보다 내가 하는 게
마음이 편할 것 같다.

→ '_____ 바에야 / _____ 느니
_____ 게 마음이 편하겠다.'고 생각했다.

(4) 음료수를 마시려고 냉장고 문을 열었더니 김이 빠진 콜라밖에 없었다. 김빠
진 콜라는 맛이 없을 것 같아서 그냥 물을 마셨다.

→ '_____ 바에야 / _____ 느니
_____ 게 나을 것 같다.'고 생각했다.

(5) 백화점에서 마음에 드는 코트를 봤는데 12개월 할부가 가능했다. 하지만 매 달 비싼 수수료를 내는 게 아깝다는 생각이 들어서 조금 부담스러웠지만 그 냥 일시불로 샀다.   *할부(分割払い)   일시불(一括払い)

→ '... 바에야 / .... 느니

.... 게 낫겠다.'고 생각했다.

10. 다음을 「-(으)ㄹ 바에(야) (〜からには)」를 사용해서 문장을 완성하십시오.

(보기) 빠지지 말아야지.	다음 달부터 컴퓨터 학원에 다닌다. 내가 잘 다닐 수 있을지 걱정이지만 이왕 다닐 바에 야 빠지지 말고 잘 다녀야겠다.
(1) 제대로 준비해서 예쁘게 만들어 볼까?	가족 생일 때 항상 케이크를 사서 먹었는데 이번에는 직접 만들기로 했다. 이왕 ....
(2) 전문가랑 상의해서 짜면?	다이어트 식단을 짜고 싶으세요? 그러면 혼 자 짜지 말고 이왕 식단을 ....
(3) 가방이랑 구두까지	정장을 한 벌 살 거라면서요? 그럼 새로 ....
(4) 열심히 준비해서 한번 해 봐.	아들! 대학원 시험을 보겠다고? 그럼 이왕에 ....

제6과 과거와 미래

1. (보기)와 같이 그림에 맞는 단어와 조사를 넣어 문장을 완성하십시오.

> (보기) 밥을 지은 다음 (1) 감자와 당근의 껍질을 벗겨 반찬으로 감자 볶음을 만들었다. (2) 밥을 퍼서 밥그릇에 담아 반찬과 함께 맛있게 먹었다. 식사가 끝나고 나서 (3) 설거지를 하고 (4) 싱크대 주변을 깨끗이 닦았다. 후식으로 과일과 요구르트를 (5) 넣어 갈아서 먹었다.

(보기) 전기밥솥으로   (1) _____   (2) _____

(3) _____   (4) _____   (5) _____

2. 다음에서 공통으로 들어가는 단어를 골라 알맞은 형태로 바꿔 써넣으십시오.

구하다	쏟아지다	폭넓다	조정하다	파악하다

(보기) ·물에 빠진 사람을 <u>구한</u> 용감한 시민이 상을 받았다.

　　　·서울에서 살 집을 <u>구하기</u> 위해서 부동산에 갔다.

(1) ·책상에 올려 둔 커피가 _____ 바람에 교과서가 젖었다.

　　·현대인은 _____ 정보의 홍수 속에서 살고 있다.

(2) ·새로 취직한 회사의 분위기를 빨리 _____ 것이 중요하다.

　　·하루의 시작은 아침에 스케줄부터 _____ 나서 시작한다.

(3) ·친구와 여행 날짜를 맞추기 위해서 일정을 _____

　　·인공지능 로봇은 _____ 사람 없이 스스로 움직일 수 있다.

(4) · _____ 사고를 하는 사람은 자기와 다른 의견이라도 잘 받아들인다.

　　·책을 많이 읽으면 세상을 _____ 바라볼 수 있다.

*받아들이다(受け入れる)

3. 다음에서 알맞은 것을 골라 빈칸에 써넣으십시오.

(가)~(바)	①~⑤
인공지능　　반려 로봇　　스마트폰 자율주행차　　사물인터넷(IOT)　　SNS	동물　　연결　　대결 가전제품　　스스로

(1) (가) _____ 는 운전자가 운전하지 않아도 ① _____ 목적지까지 갈 수 있습니다.

(2) (나) _____ 은 TV, 냉장고, 에어컨 등의 ② _____ 을 인터넷에 연결시켜 스마트폰으로 집 밖에서도 조정할 수 있는 것을 가리키는 말입니다.

(3) (다) _____ 이란 컴퓨터가 사람처럼 학습하고 생각할 수 있는 능력을 가리키는 말입니다. 이것을 바둑 프로그램에 적용하여 만든 알파고와 인간의 ③ _____ 이 전 세계적으로 화제가 되기도 했습니다. 이러한 알파고의 기술이 앞으로 다양한 기계에 응용될 것으로 전망됩니다.

(4) (라) _____ 은 컴퓨터로만 가능했던 인터넷의 기능이 전화기의 기능과 합쳐지면서 아주 똑똑한 전화기라는 의미로 생겨난 말입니다.

(5) (마) _____ 은 고양이나 개와 같은 ④ _____ 을 대신해서 인간의 친구가 될 수 있는 로봇을 의미합니다. 미래에는 가사 로봇, 산업 로봇 등 다양한 기능을 가진 로봇이 등장할 것으로 예상됩니다.

(6) (바) _____ 는 소셜 네트워크 서비스(social network service)의 줄임 말입니다. 예를 들어서 블로그, 트위터, 페이스북과 같은 인터넷 상의 서비스는 다른 사람들과 정보를 공유하고 서로 소통할 수 있도록 돕는 서비스입니다. 인터넷만 ⑤ _____ 이 되어 있으면 어디에 살든 전 세계 사람들과 친구가 될 수 있습니다.

4. 〈보기〉와 같이 「-는 데」를 사용하여 대화를 완성하십시오.

> 〈보기〉 가: 회를 시키면 가끔 생강도 같이 나오던데 왜 그런 거죠?
>
> 　　　　나: 생강은 생선의 비린내를 <u>없애는 데</u> 도움이 되기 때문이에요.

(1) 가: 회사 일이 끝나고 집안일까지 해야 하니까 힘드시겠어요.

　　 나: 아뇨, 로봇 청소기 덕분에 집안일을 ＿＿＿＿＿＿＿＿ 별로 힘들지 않아요.

(2) 가: 앞으로 인간의 평균 수명이 120세까지 늘어날 거라고 하네요.

　　 나: 평균 수명이 ＿＿＿＿＿＿＿＿ 의학의 발달이 큰 역할을 하고 있지요.

(3) 가: 새집으로 이사하면 살림을 새로 장만하실 거예요?

　　 나: 네, 근데 살림을 ＿＿＿＿＿＿＿＿ 비용이 꽤 들 것 같아요.

(4) 가: 이 일이 언제쯤이면 끝날 것 같아요?

　　 나: 이 일을 ＿＿＿＿＿＿＿＿ 적어도 일주일은 걸릴 것 같아요.

5. 〈보기〉와 같이 「-는 데」와 「-는데」 중에서 맞는 것을 고르십시오.

> 〈보기〉 가: 삼계탕을 (끓이는 데) / 끓이는데) 보통 시간이 얼마나 걸려요?
>
> 　　　　나: 마침 제가 어제 (끓였는 데 /끓였는데) 한 시간이면 충분하더라고요.

(1) 가: 체력을 (키우는 데 / 키우는데) 어떤 운동이 효과가 있을까요?

　　 나: 저는 매일 줄넘기를 (하는 데 / 하는데) 효과가 있는 것 같아요.

(2) 가: 잔치국수는 (만드는 데 / 만드는데) 시간이 별로 안 걸려요. 맛도 좋고요.

　　 나: 저도 잔치국수를 (좋아하는 데 / 좋아하는데) 언제 같이 만들어 먹어요.

(3) 가: 신문에서 (봤는 데 / 봤는데) 미래에는 없어지는 직업이 많다고 해요.

　　 나: 왠지 (무서워지는 데요 / 무서워지는데요). 새로 생기는 직업은 없나요?

(4) 가: 요즘 유기견을 돕고 (있는 데 / 있는데) 주위의 관심이 부족해서 힘들어요.

　　 나: 그럼 저라도 유기견을 (돕는 데 / 돕는데) 적극적으로 참여할게요.

(5) 가: 저는 김치를 김치냉장고에 (보관하는 데 / 보관하는데) 맛이 오랫동안
변하지 않아서 아주 좋아요.

　　 나: 그래요? 김치냉장고가 김치를 (보관하는 데 / 보관하는데) 최고군요.

6. (보기)와 같은 의미로 쓰인 「-는 데」를 고르십시오. (3개)

(보기) 블루베리가 시력을 <u>보호하는 데</u> 좋다는 기사를 읽었어요.

① 좀 덜 바쁘고 월급은 더 많이 <u>주는 데</u>로 옮기고 싶어요.
② 로봇은 공장이나 건설 현장에서 사고를 <u>줄이는 데</u> 응용할 수 있다.
③ 지난번에 교통사고가 난 곳은 사고가 자주 <u>나는 데</u>래요.
④ 인간의 평균 수명이 40세에서 80세로 <u>늘어나는 데</u> 불과 100년도 걸리지 않았다.
   ＊불과(わずか)
⑤ 저 사람은 컴퓨터 관련 일을 오랫동안 했기 때문에 새로운 프로그램을 <u>만드는 데</u> 큰 도움을 줄 수 있을 것이다.
⑥ 그 호텔은 사람을 대신해서 인공지능 로봇이 접수와 안내 등의 서비스를 <u>제공하는 데</u>라고 해요.

7. (보기)와 같이 「-더니」(원인·이유)를 사용해 문장을 완성하십시오.

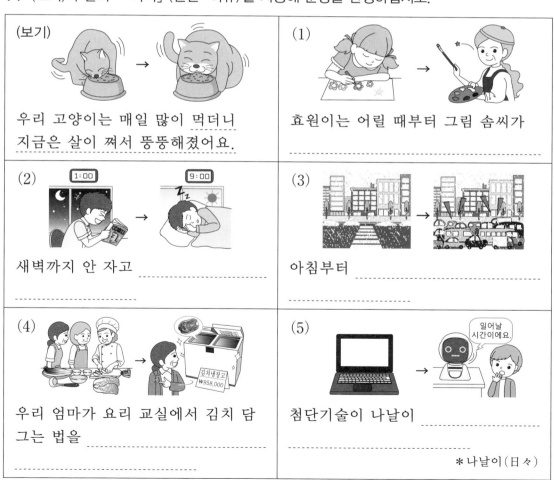

(보기) 우리 고양이는 매일 많이 먹더니 지금은 살이 쪄서 뚱뚱해졌어요.	(1) 효원이는 어릴 때부터 그림 솜씨가 _____
(2) 새벽까지 안 자고 _____	(3) 아침부터 _____
(4) 우리 엄마가 요리 교실에서 김치 담그는 법을 _____	(5) 첨단기술이 나날이 _____ ＊나날이(日々)

8. 다음은 민주 씨가 본 것과 들은 것을 대비(対比)의 「-더니」를 사용해서 표현한 문장입니다. (보기)와 같이 알맞은 말을 넣어서 완성하십시오.

〈직접 본 경우〉	〈들은 경우〉
(보기) 이 옷은 손빨래 할 거예요. 예전에는 스웨터를 손빨래하더니 요즘엔 세탁기로 돌리네요.	이 옷은 손빨래한다더니 그냥 세탁기로 돌리는 거야?
(1) 공부하기에는 종이 사전이 좋아요. 예전에는 종이 사전을 _____ 요즘은 _____	왜 사용하지 않으세요?
(2) 저는 치즈 케이크를 좋아해요. 예전에는 치즈 케이크를 _____ 요즘에는 _____	조금밖에 안 드셨네요.
(3) 水は 韓国語で? 오늘 화창하네요. 한국어를 잘 못해요. 작년에는 한국어를 하나도 _____ 이제는 _____	발음이 아주 좋네요.
(4) 공포 영화 NO!! 공포 영화 YES!! 공포 영화는 싫어. 옛날에는 공포 영화를 _____ 요즘에는 _____	또 무서운 영화를 빌려 왔어요?

9. 밑줄에 「-었/았더니」 또는 「-더니」를 사용하여 알맞게 써넣으십시오.

어제는 얼마 전에 직장을 옮긴 고등학교 친구를 만났어요. 새 직장에 적응하는 데 힘든 점은 없냐고 (보기) 물었더니 정말 좋은 회사라고 해서 다행이라고 말해 주었죠. 근데 그 친구가 갑자기 큰 가방을 테이블에 ① _____ 건강 보조식품을 꺼내는 거예요. 그리고는 마늘로 만든 건강보조식품이 얼마나 몸에 좋은지 설명하면서 저에게 사라고 하는 거예요. 좀 당황했지만 웃으면서 얼마냐고 물으니까 60,000원이라고 하더군요. 좀 비싸다고 ② _____ 친구는 건강을 생각하면 그렇게 비싼 것도 아니라고 했어요. 그러면서 가방에서 한 통을 더 ③ _____ 사는 김에 두 통을 사라길래 어쩔 수 없이 샀어요. 친구가 새 직장에 ④ _____ 좀 변한 것 같아서 마음이 안 좋았어요.

＊건강보조식품(サプリメント)

10. ( ) 안의 단어와 다음 문형을 사용하여 대화를 완성하십시오.

-었/았더니	-더니	-는 데

(1) 가: 앞으로 사람이 운전하지 않아도 스스로 알아서 움직이는 자율주행차가 나온대요.
　　나: 그래도 가격이 비싸니까 (대중화가 되다) _____ 시간이 좀 걸릴 거예요.

(2) 가: 석진이가 유명한 게임 회사에 프로그래머로 취직이 됐대요.
　　나: 매일 (게임만 하다) _____ 유명한 게임 회사에 취직했구나.

(3) 가: 재인 씨가 벤처 기업 사장이라면서요?
　　나: 네, 대학 때 컴퓨터를 (전공하다) _____ 인공지능 관련회사를 차렸대요.

(4) 가: 요즘 반려동물을 키우시는 어르신들이 많은 것 같아요.
　　나: 신문에서 봤는데 어르신들이 (행복하게 살다) _____ 반려동물이 도움이 된다고 하네요.
　　　　　　　　　　　　　　　　　　　　　　　　　　　　＊어르신(年配の方)

(5) 가: 제가 고혈압인데요, 뭐 좋은 음식이 없을까요?
　　나: 저도 혈압이 높았는데 (양파즙을 먹다) _____ 많이 좋아졌어요. 양파가 고혈압에 효능이 있는 것 같더라고요.

제7과 빛과 바람이 있는 집

Key Point
· -아/어다(가)
· -에다(가)
· -(으)ㄹ래야 -(으)ㄹ 수 없다

1. 다음의 전통 가옥에 대한 단어를 알맞게 골라 쓰십시오.

| 안채 | 장독대 | 한옥 | 창호지 | 마루 | 사랑채 | 지붕 |

(1) ＿＿＿＿＿＿＿ 이란 한국의 전통 가옥을 말한다.

(2) ＿＿＿＿＿＿＿ 은 처마 끝이 살짝 올라간 형태로 만들어졌다.

(3) ＿＿＿＿＿＿＿ 는 남자들의 생활 공간이었고 ＿＿＿＿＿＿＿ 는 여자들의 생활 공간
이었다.

(4) 온돌이 겨울을 위한 것이라면 ＿＿＿＿＿＿＿ 는 여름을 위한 장소다.

(5) ＿＿＿＿＿＿＿ 는 간장이나 된장, 고추장 등을 보관하는 곳이다.

(6) 방문은 ＿＿＿＿＿＿＿ 로 되어 있어서 날씨가 좋은 날에는 햇빛이 방 안까지
들어온다.

2. 다음 단어의 의미를 알맞게 설명한 것을 골라 선으로 연결하십시오.

(1) 관습　　•　　　　　• 아무것도 없는 빈 곳

(2) 지출　　•　　　　　• 어떤 목적에 쓰이고 남은 부분

(3) 지면　　•　　　　　• 옛날부터 전해 내려온 사회의 풍습

(4) 공간　　•　　　　　• 땅바닥

(5) 평상　　•　　　　　• 마당에 놓는 테이블로 나무로 만들어진 것

(6) 나머지　•　　　　　• 돈이 나가는 것. '수입'의 반대말

(7) 살림　　•　　　　　• 집안에서 쓰는 여러 물건 또는 가계를 관리하는 일

＊가계(家計)

3. 다음 단어 중 알맞은 것을 골라 맞는 형태로 바꿔 문장을 완성하십시오.

떼다	저리다	반영하다	보존되다	말리다	시다

(1) 무릎을 꿇고 장시간 앉아 있었더니 다리가 ....

(2) 부모와 자식 간의 관계는 .... 수 없는 거예요.

(3) 로마에는 역사가 오래된 건물들이 잘 ....

(4) 이 프로젝트는 박 과장의 의견을 .... 진행해 봅시다.

(5) 더운 여름에 김치를 밖에 두었더니 너무 ....

(6) 햇볕에 .... 채소나 과일은 보관하기 편하고 영양가도 풍부합니다.

4. 밑줄 친 표현과 같은 의미의 단어를 고르십시오.

(1) 조상들은 장독대를 신성한 곳으로 <u>생각했다</u>. •   • ㉠ 개조하다

(2) 이 핸드백은 오래돼서 색이 변했어요. •   • ㉡ 여기다

(3) 창고를 작업실로 <u>고쳤어요</u>. •   • ㉢ 절판되다

(4) 하루만 청소를 안 해도 금방 <u>더러워져요</u>. •   • ㉣ 청결하다

(5) 그 소설책은 이제 <u>출판되지 않는</u>대요. •   • ㉤ 낡다

(6) 점원들의 복장은 항상 <u>깨끗해야</u> 한다. •   • ㉥ 지저분하다

5. 다음의 「청소」와 관련된 단어를 알맞은 형태로 바꿔 문장을 완성하십시오.

닦다	털다	쓸다	손질하다	돌리다

　　나는 주로 일요일 오전에 청소를 한다. 아침에 일어나서 우선 창문을 열고 집 안의 먼지를 ① .... 그다음에 청소기를 ② .... 시간이 있으면 거실의 창문도 ③ .... 마당은 빗자루로 ④ .... 고 정원도 ⑤ .... 청소를 깨끗하게 하고 나면 기분도 아주 상쾌해진다.

＊상쾌하다(爽快だ)

6. (보기)와 같이 「-아/어다(가)」를 사용해 문장을 완성하십시오.

(보기)
우리집 앞마당에 핀 꽃을 꺾어다가
꽃병에 꽂았어요.   * 꺾다(折る)

(1)
마트에서 호박를 ------------------------------
----

(2)
사과를 ------------------------------
----

(3)
냉장고에 있는 우유를 ------------------------------

(4)
자판기에서 커피를 ------------------------------
----

(5)
ATM에서 돈을 ------------------------------

7. (보기)와 같이 「-아/어다 주다/드리다」를 사용해 문장을 완성하십시오.

바래다	태우다	데리다	모시다

(보기)
엄마가 아이를 유치원에 데려다주었
어요.

(1)
남자 친구가 여자 친구를 ------------------------------
----

(2)
아빠가 할머니를 ------------------------------
----

(3)
남편이 아내를 ------------------------------

8. 〈보기〉와 같이 「−에다(가)」를 사용해 문장을 완성하십시오.

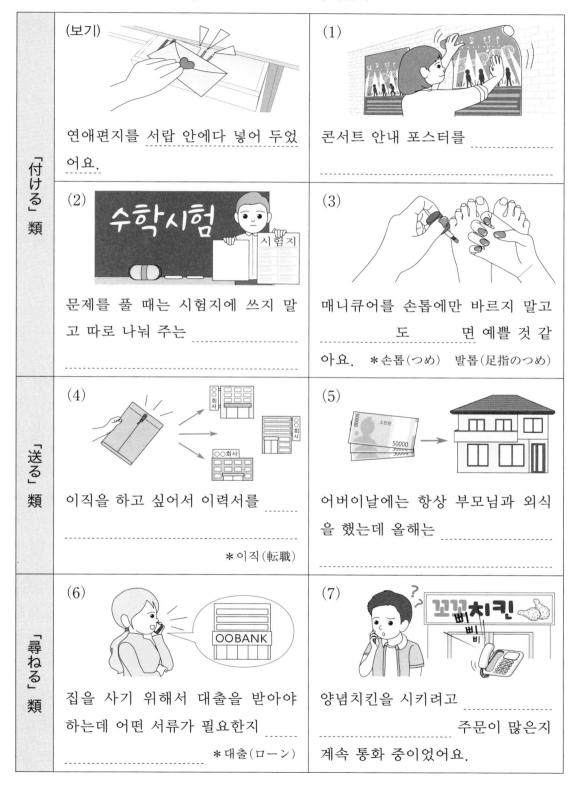

「付ける」類	(보기) 연애편지를 서랍 안에다 넣어 두었어요.	(1) 콘서트 안내 포스터를 _____
	(2) 문제를 풀 때는 시험지에 쓰지 말고 따로 나눠 주는 _____	(3) 매니큐어를 손톱에만 바르지 말고 _____ 도 _____ 면 예쁠 것 같아요. *손톱(つめ) 발톱(足指のつめ)
「送る」類	(4) 이직을 하고 싶어서 이력서를 _____ *이직(転職)	(5) 어버이날에는 항상 부모님과 외식을 했는데 올해는 _____
「尋ねる」類	(6) 집을 사기 위해서 대출을 받아야 하는데 어떤 서류가 필요한지 _____ *대출(ローン)	(7) 양념치킨을 시키려고 _____ 주문이 많은지 계속 통화 중이었어요.

9. 밑줄 친 표현 중에서 틀린 것을 골라 맞는 표현으로 고치십시오.

(보기) 시골에 사는 ⃝이모에다가 옷을 한 벌 사다가 선물로 부쳤어요. → (이모에게)

(1) 베란다에 있는 빨래를 걷다가 개서 옷장에다가 넣어 줄래? → (   )

(2) 가: 집 앞까지 바래다줄게요. 집은 어디예요?
　　나: 우리 집은 저 노란 지붕 집 옆에다 있어요.　→ (   )

(3) 도서관에서 책을 빌려다가 친구에다가 보여 줬어요. → (   )

(4) 저녁을 먹어다가 뉴스에 친구가 나와서 바로 친구 집에다가 전화를 했어요.
　　→ (   )

(5) 선생님을 댁에 데려다주고 집에 오는 길에 편의점에다가 전화 요금을 냈어요. → (   )

10. 「–(으)ㄹ래야 –(으)ㄹ 수 없다」를 사용하여 문장을 완성하십시오.

　　나는 직장 생활을 한 지 3년 정도 된다. 항상 일에 지쳐 있던 나는 친구의 권유로 작년 연말에 템플스테이를 체험하게 되었다. 절은 강원도 산속에 위치하고 있어서 꽤 추웠다. 막상 가 보니까 불편한 점이 한두 가지가 아니었다. 그곳은 와이파이가 안 되어서 스마트폰을 쓸래야 ① ＿＿＿＿＿＿＿＿＿＿고, 아침 기상 시간이 빨라서 늦잠을 ② ＿＿＿＿＿＿＿＿＿＿＿＿＿. 회사에서는 회식이 많아서 술을 ③ ＿＿＿＿＿＿＿＿＿＿＿＿＿＿＿는데, 절에서는 술을 며칠간 끊을 수 있었다. 또한 식사도 채식 중심이었다. 그래서 그런지 몸도 가벼워지고 정신도 맑아지는 것을 느낄 수 있었다. 절에서의 생활은 나를 돌아볼 수 있는 소중한 시간이었다. 템플스테이 체험이 아주 인상적이라서 오랫동안 ④ ＿＿＿＿＿＿＿＿＿＿＿＿＿＿ 것 같다.

＊권유(勧誘)

11. 「-아/어다(가)」, 「-에다(가)」, 「-(으)ㄹ래야 -(으) 수 없다」를 알맞게 사용하여 대화를
    완성하십시오.

(1) 가: 유나야, 어젯밤에는 집에 잘 들어갔어?

    나: 응. 상우 선배가 차로 _____ 잘 들어갔어.

(2) 가: 아들, 왜 공부하다가 방에서 나왔어?

    나: 텔레비전 소리 좀 줄여 줘요. 집중을 _____

(3) 가: 엄마, 웬 꽃이에요?

    나: 집에 오다가 너무 예뻐서 샀지. 이거 가져가서 _____ 꽂아
    줄래?

(4) 가: 여기요, 물 좀 갖다주실래요?

    나: 손님, 물은 셀프서비스입니다. 저쪽에서 _____ 드시면 됩니다.

(5) 가: 피곤해 보이는데 집에 가서 좀 쉬세요.

    나: 애들이 아직 어려서 집에서는 푹 _____

(6) 가: 엄마, 출출한데 뭐 먹을 거 없어?

    나: 아까 엄마가 배를 사서 _____ 넣어 두었는데, 그거 냉장고
    에서 _____

    가: 알았어요.

    나: 그리고 깎는 김에 할머니께도 한 개 _____

(7) 가: 여보, 우리 영화 한 편 다운로드해서 볼까?

    나: 근데 지금 우리 집 와이파이가 안 돼서 다운로드를 _____

    가: 아 참 그렇지? 그럼 DVD라도 _____ 볼까?

    나: 그러자. 내가 갔다 올게.

제8과 생활의 지혜

Key Point
· -피동
· -(으)면서(도)
· -(ㄴ/는)다면서

1. (보기)와 같이 그림을 참고하여 빈칸에 알맞은 단어를 써넣으십시오.

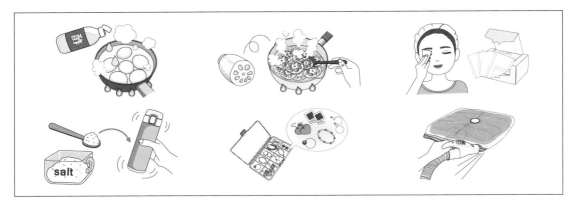

(보기) 달걀을 삶을 때 (식초)를 조금 넣으면 정말 껍질이 잘 까지나요?

(1) 오늘은 도시락 반찬으로 (　　　) 조림을 만들까 해요.

(2) 화장을 지울 때 (　　　)을 이용해서 지우면 잘 지워져요.

(3) 손이 잘 닿지 않는 긴 (　　　)은 소금을 넣고 흔들어 주면 깨끗해져요.

(4) 작은 액세서리는 휴대용 (　　　)에 넣어 두면 분실할 염려가 없습니다.

(5) 짐을 쌀 때 두꺼운 옷가지는 (　　　)을 이용하면 크기를 줄일 수 있습니다.

2. 다음 단어 중에서 맞는 것을 골라 써넣으십시오.

쌀뜨물　　찌꺼기　　칫솔　　냉동실　　보습　　불평　　상의　　미지근하다

(보기) 원두커피를 내리고 남은 것을 커피 (찌꺼기)라고 해요.

(1) 쌀을 씻은 물을 (　　　)이라고 한다.

(2) 세수할 때 뜨겁거나 차가운 물보다 (　　　) 물로 헹구는 게 피부에 좋다.

(3) 항상 부정적으로 말하는 이모는 집이 넓어도 좁다고 (　　　)을 한다.

(4) 남은 밥은 (　　　)에 얼려 뒀다가 전자레인지에 돌려서 드시면 돼요.

(5) 공기가 건조한 겨울에는 피부 (　　　)을 위해 물을 많이 마시는 게 좋다.

(6) 하의가 밝은 색이면 (　　　)는 약간 어두운 색을 입는 게 잘 어울린다.

(7) 잇몸이 약하면 이를 닦을 때 딱딱한 (　　　)보다는 부드러운 걸 쓰는 게
좋다.

*잇몸(歯ぐき)

3. 밑줄 친 부분과 바꾸어 쓸 수 있는 표현과 연결하십시오.

(1) 값비싼 목걸이를 <u>잃어버려서</u> 속상해요.　　•

•　ㄱ 손상되다

(2) 인터넷으로 주문한 접시가 <u>깨져서</u> 왔어요.　•

•　ㄴ 분실하다

(3) 구두를 닦았더니 반짝반짝 <u>빛나네요</u>.　　　•

•　ㄷ 묶다

(4) 형이 동생에게 이것저것 <u>일을 많이 시켜요</u>. •

•　ㄹ 광택이 나다

(5) 출발하기 전에 운동화 끈을 꽉 <u>매세요</u>.　　•

•　ㅁ 막다

(6) 지나가는 사람을 못 가게 <u>방해했어요</u>.　　•

•　ㅂ 부려 먹다

(7) 모두가 모일 기회를 한번 <u>만들어</u> 보세요.　•

•　ㅅ 마련하다

4. 〈보기〉와 같이 그림을 참고하여 문장을 알맞게 완성하십시오.

(보기)  보습용 마스크팩으로 피부를 가꿔요.	(1)  샴푸 후에는 깨끗하게	(2)  스타킹에
(3) 이 테이블은 커서 거실 의 반 이상	(4)  선반이 너무 높아서 ＊선반(棚)	(5)  바퀴가 달려 있어서

5. (보기)와 같이 알맞은 조사를 써넣으십시오.

(보기) 아까 발자국 소리(를) 들었어요. / 아까 발자국 소리(가) 들렸어요.

(1) 저녁이 되니까 화장(   ) 다 지워졌어요. / 퇴근 후에 화장(   ) 다 지웠어요.

(2) 친구와 오해(   ) 안 풀려서 걱정이에요. / 어서 오해(   ) 풀어야 해요.

(3) 저는 공책(   ) 찢어서 버렸어요. / 공책(   ) 찢어져서 버렸어요.

(4) 꿈(   ) 이루어지기를 바랍니다. / 우리 꿈(   ) 이루기 위해 노력합시다.

(5) 이 가게는 가방(   ) 싸게 팔아요 / 요즘에는 비싼 가방(   ) 잘 팔린대요.

(6) 내 발(   ) 밟은 사람이 사과했다. / 앞사람한테 발(   ) 밟혀서 아팠다.

6. (보기)와 같이 피동사를 써서 대화를 완성하십시오.

(보기) 가: 우리 테니스 동호회 회장으로 누구를 뽑았어요?
　　　　나: 저는 김상희 씨를 뽑았는데 아쉽게도 최대성 씨가 뽑혔대요.

(1) 가: 밖에서 보니까 사무실 창문이 안 ＿＿＿＿＿＿ 것 같던데요.
　　나: 그럴 리가 없어요. 제가 나오기 전에 잘 닫았어요.

(2) 가: 저번에 TV에 나온 은행 강도가 경찰한테 ＿＿＿＿＿＿ 대요.　　＊강도(強盜)
　　나: 정말요? 경찰이 드디어 강도를 잡았군요.

(3) 가: 선희하고 연락이 ＿＿＿＿＿ 는 바람에 다른 친구들도 연락을 못하고 있어.
　　나: 선희가 일부러 연락을 끊은 거 아닐까?

(4) 가: 한 시간 만에 눈이 3센티미터나 ＿＿＿＿＿
　　나: 눈을 이대로 쌓아 두면 길이 어니까 빨리 치웁시다.

(5) 가: 열쇠 가지고 있지? 현관문은 네가 잠가.
　　나: 알았어. 근데 현관문이 안 ＿＿＿＿＿ 데 왜 이러지?

7. 피동 표현인 「동사 + -아/어지다」를 이용해서 글을 완성하십시오.

| 끄다 쏟다 짓다 켜다 쓰다 깨다 지우다 |

　　어제 회사에서 보고서를 작성하고 있는데 갑자기 컴퓨터 화면이 (보기) 꺼졌다. 잠시 후 다시 ① ＿＿＿＿＿ 더니 내가 써 놓은 글들이 저절로 ② ＿＿＿＿＿ 는 것이었다. 옆자리에 앉은 동료가 보더니 아무래도 바이러스에 감염된 것 같으니 컴퓨터를 바꾸는 게 어떻겠냐고 했다. 어떻게 할까 생각하고 있던 바로 그때, 건물이 흔들리면서 커피잔이 바닥으로 떨어졌다. 커피는 ③ ＿＿＿＿＿고 잔은 ④ ＿＿＿＿＿. 지진이 난 것이다. 내가 일하고 있는 건물은 1년 전에 ⑤ ＿＿＿＿＿ 지진 대책 건물이어서 사람이 다치거나 하는 피해는 없었다. 지진이 멈춘 후 책상을 정리하고 바닥을 닦았다. 그리고 컴퓨터를 수리하는 곳에 맡겼다.
　　오늘은 보고서를 처음부터 다시 써야 하는데 잘 ⑥ ＿＿＿＿＿지 걱정이다.

＊저절로(自動で、ひとりでに)　감염되다(感染される)

8. (보기)와 같이 「-(으)면서(도)」를 사용해서 문장을 완성하십시오.

(보기)	남편은 아들을 사랑하면서도 사람들 앞에서는 아들에 대해서 불평만 한다.
(1)	우리 딸이 ＿＿＿＿＿ 안 먹었다고 우기네.
(2)	언니는 통장에 ＿＿＿＿＿ 친구들하고 해외여행을 자주 가요. 돈이 어디서 나는지 모르겠어요.
(3)	어머니는 아버지한테 ＿＿＿＿＿ 아무 표정이 없으세요. 아마 우리들이 있어서 부끄러우신가 봐요.
(4)	아들은 ＿＿＿＿＿ 학교에 가기 싫어서 꾀병을 부리네요. ＊꾀병을 부리다(仮病を使う)

9. 「명사 + 받다, 당하다, 되다」 중에서 알맞은 것을 골라 다음 글을 완성하십시오.

(1) 안녕하세요. '좋은 아침' 디제이 김철수입니다. 가수라면 누구나 대중들에게 (보기) <u>사랑받기</u>를 원하는데요, 요즘 전 세계로부터 ① _____ 있는 가수가 있습니다. 바로 아이돌 그룹, JTS인데요, 노래 실력뿐만 아니라 춤 실력도 굉장히 뛰어납니다. 그리고 열심히 노력하는 모습은 정말 ② _____ 만하죠. 그럼 JTS의 '안녕'이라는 곡을 듣겠습니다.

	사랑	
	주목	
미움		
		칭찬

＊뛰어나다(優れる)

(2) 불과 수십 년 전까지만 해도 피부색이 다르다고 해서 무시당하고 ① _____ 사람들이 있었다. 1955년에 아프리카계 미국인인 로자 파크스는 버스에서 백인에게 자리를 양보하지 않았다는 이유로 경찰에게 ② _____ 사건이 있었는데 이 사건은 인종차별에 항의하는 버스 보이콧으로 이어졌다.

	차별	
이용		
	체포	
		거절

＊인종차별(人種差別) 항의하다(抗議する)

(3) 2년 후면 올림픽이 ① _____. 앞으로 많은 경기장이 ② _____ 며 올림픽을 홍보하기 위한 여러 가지 이벤트도 다양하게 전개될 겁니다. 곧 새로 디자인한 올림픽 메달이 일반에게 ③ _____ 예정이며 실력 있는 선수들을 소개하는 올림픽 특집도 신문에 실린다고 합니다.

	공개	
		발견
	개최	
건설		

＊홍보하다(広報する) 특집(特集)

10. (보기)와 같이 「간접화법 + (으)면서」를 사용해서 대화를 완성하십시오.

> (보기) 가: 우리 딸이 함께 요가를 배우자면서 마음대로 학원에 등록해 버렸어요.
> 나: 잘됐네요. 요가가 건강에 좋다던데 이번 기회에 한번 해 보세요.

(1) 가: 의사 선생님이 이 연고를 상처에 ＿＿＿＿＿＿ 처방해 줬어요.
　　나: 그래요? 병원에서 받은 연고니까 효과가 좋을 거예요.
(2) 가: 딸이 돼지에게 쫓기는 꿈을 ＿＿＿＿＿ 무슨 의미인지 궁금해했어요.
　　나: 돼지꿈을 꿨다고요? 행운이 들어오는 꿈이니까 복권을 사야죠.
(3) 가: 아이가 게임기를 ＿＿＿＿＿ 조르길래 할 수 없이 사줬어요.
　　나: 요즘 게임기는 정말 비싸더라고요.　　　　　　*조르다(ねだる)
(4) 가: 면접에서 떨어져서 울고 있었더니 선배가 ＿＿＿＿ 손수건을 줬어요.
　　나: 정말 자상한 선배군요.

11. 다음 글을 읽고 질문에 답하십시오.

> 엄마: 친구하고 여행간다고 했지? 어디로 갈지 정했니?
> 딸 : 네, 친구가 해변이 좋다면서 인도네시아의 발리로 가자고 그러네요.
> 엄마: 그렇구나. 뭐 ① ＿＿＿＿＿ 물건이 없도록 필요한 것들은 미리 리스트를 ② ＿＿＿＿ 둬. 저번처럼 여권을 안 가지고 갔다면서 다시 돌아오지 말고.
> 딸 : 안 그래도 그렇게 하려고요. 근데 화장수는 유리병에 들어 있는데 어떻게 가져갈지 고민이에요. 그리고 또 뭘 챙겨야 할까요?
> 엄마: 유리병은 ③ ＿＿＿＿＿ 염려가 있으니까 플라스틱 용기에 담아 가면 안전하겠지. 비가 올 경우를 ④ ＿＿＿＿ 비옷도 필요하고, 피부가 타지 않게 선크림과 선글라스도 (가) 챙겨라. 참! 긴팔 셔츠도 하나 있으면 ⑤ ＿＿＿＿ 쓰일 거야.
> 딸 : 엄마는 여행을 잘 안 다니시면서도 짐 싸는 데는 정말 프로시네요.
> 엄마: 네가 잘 잊어버리니까 이것저것 말해 주는 거야.

(1) ①~⑤에 알맞은 단어를 넣어 대화를 완성하십시오.

빠뜨리다	깨지다	작성하다	유용하다	대비하다

(2) (가)와 같은 의미로 쓰인 것을 고르십시오.
　① 우리 학교 선배는 후배들을 잘 챙겨 줘요.
　② 내일 회의에서 나누어 줄 서류를 꼭 챙겨 오세요.
　③ 교통사고로 위장해서 보험금을 챙긴 범인이 경찰에 붙잡혔다.
　　　　　　　　　　　　　　　　　*위장하다(偽装する)

제9과 지구촌의 과제

🎵 *Key Point*
· -았/었더라면
· -에 불과하다
· -더라도
· -(으)ㄴ/는 척하다

1. 다음의 한자어를 한국어로 써 봅시다.

(1) 戦争	-----------------	(7) 軍事	-----------------
(2) 破壊	-----------------	(8) 飢餓	-----------------
(3) 混乱	-----------------	(9) 孤児	-----------------
(4) 生死	-----------------	(10) 未亡人	-----------------
(5) 内戦	-----------------	(11) 難民	-----------------
(6) 避難	-----------------	(12) 離散家族	-----------------

2. 다음에서 알맞은 단어를 골라 적절한 형태로 써넣으십시오.

뜨다	대다	맺어지다	긷다	아니다	만만치 않다

(1) 어제는 밀린 일을 하느라고 눈코 _____ 새 없이 바빴어요.

(2) 시험이 쉬울 거라고 예상했는데 생각보다 _____

(3) 언니가 나한테 왜 연락을 안 했는지 다 아니까 핑계 _____ 마.

(4) 주부들이 하는 집안일의 양은 회사원만큼 많다고 해도 과언이 _____

(5) 옛날에는 우물에서 물을 _____ 썼어요.

(6) 한국은 1953년 판문점에서 휴전 협정이 _____ 후로 지금까지 분단국가로 남아 있다.

3. 다음 「율」과 「률」 또는 「양」과 「량」 중에서 맞는 것을 고르십시오.

(1) 증가(율/률)   (2) 합격(율/률)   (3) 시청(율/률)   (4) 출산(율/률)

(5) 생산(양/량)   (6) 강우(양/량)   (7) 쌀의 (양/량)   (8) 질과 (양/량)

4. 다음 문장에 맞는 부사를 골라 써넣으십시오.

또한	아무튼	한낱	왠지	비록

(1) 형제끼리 (　　　) 돈 몇 십만 원에 싸우면 안 되지.

(2) 많은 제자들이 그 선생님을 존경했다. 나 (　　　) 예외가 아니었다.

(3) 그 영화의 마지막 장면에서 (　　　) 가슴이 뭉클했다.

(4) (　　　) 시간이 많이 걸리더라도 하나씩 제대로 배워 나가겠습니다.

(5) 가: 엄마, 나 지금 배가 안 고프니까 이따 먹을게.

　　나: (　　　) 엄마는 차려 놓고 나갈 테니까 네가 알아서 먹어라.

5. 다음 단어의 의미를 알맞게 설명한 것을 골라 연결하십시오.

(1) 혼란하다　•　　　　　•　㉠ 오고 가고 하다

(2) 왕래하다　•　　　　　•　㉡ 질서가 없고 안정되어 있지 않다

(3) 너그럽다　•　　　　　•　㉢ 마음이 기쁨으로 가득 차다

(4) 환호하다　•　　　　　•　㉣ 마음이 넓어서 잘 이해해 주다

(5) 뿌듯하다　•　　　　　•　㉤ 기뻐서 큰 소리를 지르다

6. 다음 중에서 알맞은 단어를 골라 문장을 완성하십시오.

식수	수명	오염	지하수	영양실조

　　이번 여름 방학 때 아프리카의 작은 마을로 의료 봉사를 하러 갈 예정이다. 왜냐하면 지난번에 학교 선배한테 이야기를 들었는데 해 볼 만하다는 생각이 들었기 때문이다. 그곳은 의사가 적어서 병이 나도 제때 치료를 못 받아 죽는 사람이 많기 때문에 평균 ① (　　　)이 짧을 수밖에 없다고 한다. 특히 모자라는 식량으로 ② (　　　　　)에 걸린 아이들이 많다는 이야기를 듣고 마음이 아팠다. 또한 ③ (　　　)로 사용하고 있는 물도 ④ (　　　)이 되어서 병의 원인이 되고 있다고 한다. 이런 오염수 문제를 해결하기 위해 ⑤ (　　　) 개발팀도 의료 봉사팀과 함께 간다. 비록 한 달이라는 짧은 기간이지만 최선을 다해 봉사활동을 할 생각이다.

7. 다음 글을 읽고 「-았/었더라면」를 사용하여 문장을 완성하십시오.

어제가 벚꽃 구경을 하기에는 가장 좋은 날이라
고 해서 친구하고 공원에 꽃구경을 갔다. 약속 시
간에 늦을 것 같아 택시를 탔는데 일요일이라 그런
지 길이 너무 막혀서 전철을 탔을 때보다 시간이
더 걸렸다. 휴대폰으로 40분 정도 늦게 도착한다
고 친구에게 문자 메시지를 보냈다.

날씨는 생각보다 더웠다. 햇볕이 따가울 정도였다. 자외선 차단제를 발랐
어야 했는데 깜빡했다. 공원에는 사람들로 북적거렸고 공원 안에 있는 레스
토랑에는 식사를 하려는 사람들이 줄을 길게 서 있었다. 우리는 도시락을 준
비해 왔기 때문에 기다릴 필요가 없었지만 돗자리를 갖고 오는 걸 잊어버려
서 손수건을 깔고 앉아 먹었다. 다음에는 준비물을 꼼꼼하게 챙겨서 좀 더
즐거운 시간을 보낼 수 있도록 해야겠다.

＊따갑다 (チクチクする)

(1) 택시를 타지 않고 전철을 _____ 늦지 않았을 것 같아요.

(2) 휴대폰이 _____ 친구를 못 만날 뻔했다.

(3) 자외선 차단제를 _____ 얼굴이 덜 탔을 텐데.

(4) 도시락을 _____

(5) 돗자리를 _____

8. 다음을 「-에 불과하다」를 사용하여 대화를 완성하십시오.

소문	숫자	변명	미신

(1) 가: 내 나이가 벌써 예순이 다 됐는데 피아노를 배울 수 있을까?
    나: 그럼, 충분히 배울 수 있지. 나이는 _____

(2) 가: 어제 점을 봤는데 올해 교통 사고가 날지도 모르니까 조심하래.
    나: 그런 건 믿지 마. _____

(3) 가: 요즘 주말 드라마에 나오는 남녀 주인공 있잖아. 그 두 사람 결혼한대.
    나: 아니야, _____. 둘은 아무 관계도 아니래.

(4) 가: 윤성 씨가 어제 모임에 못 온 건 회사 일 때문이래.
    나: _____. 윤성 씨가 일찍 퇴근하는 거 미선이가 봤대.

9. 다음을 「-더라도」를 사용하여 대화를 완성하십시오.

(1) 가: 네가 멀리 이사 가면 자주 못 보겠네.

나: 비록 ＿＿＿＿＿＿＿＿＿＿＿＿ 섭섭해하지 마. 내가 자주 연락할게.

(2) 가: 나머지 일은 내일 하면 안 될까? 너무 피곤하다.

나: ＿＿＿＿＿＿＿＿＿＿ 하던 일을 다 끝내고 나서 집에 가자.

(3) 가: 이 길은 위험하니까 좀 ＿＿＿＿＿＿＿＿＿＿ 돌아서 가는 게 좋겠어요.

나: 네, 그게 낫겠어요.

(4) 가: 손님, 이 가방을 주문하시면 한 달은 기다리셔야 하는데 괜찮으시겠어요?

나: ＿＿＿＿＿＿＿＿＿＿＿＿＿. 주문할게요.

(5) 가: 가게 문 닫기 전에 서둘러서 왔는데 오늘은 쉬는 날이었네.

나: 그러네. 우리가 더 일찍 ＿＿＿＿＿＿＿＿＿＿＿＿＿＿

10. 다음을 「-(으)ㄴ/는 척하다」를 사용하여 대화를 완성하십시오.

(1) 가: 엄마, 오늘 배가 아파서 학원에 못 갈 것 같아요.

나: 너 또 학원 가기 싫어서 ＿＿＿＿＿＿＿＿ 거지?

(2) 가: 우리 딸 이제 혼자서 집도 보고 다 컸네.

나: 근데, 엄마, 아까 벨 소리가 났는데 아무도 ＿＿＿＿＿＿＿＿ 문을
안 열어 줬어요.

(3) 가: 어제 길에서 수경이를 봤는데 인사도 안 하고 가더라.

나: 어머, 수경이가 봤으면서 ＿＿＿＿＿＿＿＿＿＿＿

(4) 가: 어제 동창회 때 술 많이 마시고 취하셨다면서요?

나: 사실 전 별로 안 취했는데 ＿＿＿＿＿＿＿＿ 집에 일찍 들어갔어요.

(5) 가: 은영아, 정승현 씨 잘 알아? 너랑 친하다고 하던데?

나: 친하긴. 예전에 친구 소개로 한 번 만났을 뿐인데 자꾸 ＿＿＿＿＿＿＿＿＿＿

11. 괄호의 단어와 제시된 문형을 사용하여 문장을 만들어 보십시오.

(1) 〈10분만 / 늦다 / 막차 /놓치다〉　문형: –았/었더라면

　　--

(2) 〈새 구두 / 안 신다 / 발 / 안 붓다〉　문형: –았/었더라면

　　--

(3) 〈이 학교 / 학생 수 / 겨우 / 30명〉　문형: –에 불과하다

　　--

(4) 〈비용 / 아무리 / 들다 / 결혼식 / 하와이에서 올리다〉　문형: –더라도

　　--

(5) 〈남동생 / 나 / 부르다 / 귀찮다/ 못 듣다〉　문형: –(으)ㄴ/는 척하다

　　--

12. 다음 문형을 사용하여 밑줄 부분에 알맞게 쓰십시오.

–았/었더라면　　　　–에 불과하다　　　　–더라도　　　　–(으)ㄴ/는 척하다

　오늘 아침에 일어나니까 몸도 안 좋고 기침이 좀 나왔다. 아무래도 감기에 걸린 것 같았다. 엄마는 나에게 회사를 쉬고 병원에 가라고 했지만 나는 큰 병도 아니고 그저 ① ------------------니까 괜찮을 거라고 했다. 그러자 엄마는 "그럼 회사에 ② ------------------ 약은 먹고 출근해."라고 하셨다. 사실 기침을 할 때마다 가슴이 좀 아팠지만 결근하기 싫어서 엄마 앞에서는 ③ ------------------. 하지만 오후부터 열도 나고 기침도 심해져서 결국 회사를 조퇴하고 병원에 가서 진료를 받았다. 아침에 엄마가 말씀하신 대로 회사를 ④ ------------------ 이렇게 심해지지 않았을 것이다.

　　　　　　　　　　　　　　　　　　　*큰 병(重い病気)　결근하다(欠勤する)

58

13. 괄호 안의 단어를 알맞은 문형으로 골라 바꿔 써넣으십시오. (반복 사용 가능)

| –았/었더라면 | –더라도 | –더니 | –았/었더니 | –더라고요 |

* 「–더니」는 本冊의 6課, 「–았/었더니」「–더라고요」는 「できる韓国語中級Ⅰ」의 8課와 10課

(1)
> 약속 장소에 가려고 전철을 탔는데 전철이 가다가 (멈추다) ＿＿＿＿＿
> 안내 방송에서 사고로 인해 30분 정도 정차하게 될 것 같다고 했다. 아
> 무래도 약속 시간에 늦을 것 같아서 친구에게 문자를 (보내다) ＿＿＿＿＿
> 친구는 기다릴 테니까 (늦다) ＿＿＿＿＿ 조심해서 오라고 했다.

*정차하다(停車する)

(2)
> 아내에게 다음 달 연휴 때 온천에 가자고 (하다) ＿＿＿＿＿ 무척 좋아했
> 다. 그래서 나는 저렴하면서 괜찮은 호텔을 알아보려고 인터넷을 검색하
> 고 있었는데 아내가 내 옆으로 (다가오다) ＿＿＿＿＿ 이왕이면 고급 호
> 텔로 예약을 하라고 했다. 자기는 하루를 (숙박하다) ＿＿＿＿＿ 넓고 편
> 안한 곳에서 쉬고 싶다고 했다. 아내에게 물어보지도 않고 내 마음대로
> 호텔을 (예약하다) ＿＿＿＿＿ 큰일 날 뻔했다.

(3)
> 가: 지리산은 잘 갔다 왔어요? 꽤 높았을 텐데 힘들지 않았어요?
> 나: 말도 마요. 하루 종일 (걷다) ＿＿＿＿＿ 나중에는 다리가 너무 아파
> 　　서 죽는 줄 알았어요. 올라가기 전에는 자신이 있었는데 막상 올라
> 　　가 보니까 너무 (지치다) ＿＿＿＿＿
> 가: 그래도 대단하세요. (저이다) ＿＿＿＿＿ 도중에 포기했을 거예요.
> 나: 평소에 운동을 (하다) ＿＿＿＿＿ 덜 힘들었을 텐데, 제가 너무 방심
> 　　했어요.

*방심하다(油断する)

(4)
> 가: 어제 텔레비전에서 이산가족이 상봉하는 방송을 봤는데 저도 모르게
> 　　눈물이 막 (나오다) ＿＿＿＿＿
> 나: 저도 마음이 아팠어요. 한국 전쟁이 (안 일어나다) ＿＿＿＿＿
> 　　가족들이 저렇게 헤어져서 서로를 그리워하며 살지 않아도 되었을
> 　　텐데, 정말 슬픈 역사네요.
> 가: 맞아요. 앞으로는 어떤 일이 (있다) ＿＿＿＿＿ 전쟁이 일어나는
> 　　일은 없어야겠어요.

*상봉하다(再会する)

제10과 우리들의 작품

1. 다음의 책 제목을 통해 작가가 어떤 내용을 다루고 있을지 골라 봅시다.

(보기)  ① 미래 생활 모습이 어떻게 바뀔지 예상해서 보여주는 글이 실려 있다. ② 미래에 인기를 끌 것 같은 요리의 맛과 레시피가 실려 있다.	(1)  ① 서로 사용하는 언어가 달라도 노래를 잘하면 외국인과 대화할 수 있다는 내용. ② 노래를 통해서 감정의 교류를 나눈다는 내용.
(2)  *국경(国境) ① 국적과 언어가 다른 외국인과 결혼하는 사람들이 많아지고 있다. ② 국적와 언어가 달라도 진실된 사랑은 어려움을 극복한다.	(3)  ① 바다를 주제로 한 문학 작품을 읽고 생각한다. ② 소설이나 시 등을 읽고 그 내용에 대해서 깊게 생각한다.
(4)  ① 귀가 큰 사람이 타인과 소통을 더 잘하는 경향이 있다. ② 소통을 잘하는 사람은 다른 사람이 하는 말을 귀 기울여 듣는다.	(5)  ① 외국어 능력이 쑥쑥 느는 자신만의 공부법을 소개하는 글. *쑥쑥(ぐんぐんと) ② 외국어는 무조건 외워야 한다고 주장하는 글.

2. (보기)와 같이 알맞은 단어와 조사를 빈칸에 써넣으십시오.

가사	계기	존재	강좌	뇌물	사회자	연령층

(보기) 그 음악은 멜로디와 가사가 계속 머릿속에 남아서 떠나지 않아요.

(1) 나는 동영상으로 한국어 ＿＿＿＿＿＿ 듣는다.

(2) 한 인기 있는 토크쇼의 ＿＿＿＿＿ 유머가 넘치기로 시청자들에게 유명하다.

(3) 병을 이기는 데 가족의 ＿＿＿＿＿ 큰 힘이 되는 것은 말할 것도 없다.

(4) 남편과는 서예 교실에 다닌 것이 ＿＿＿＿＿ 되어 사귀게 되었다.

(5) 유명한 정치인이 ＿＿＿＿＿ 받았음이 밝혀져서 조사를 받고 있다.

(6) 10대와 20대의 젊은 ＿＿＿＿＿ 좋아하는 음악으로 힙합이 선택됐다.

*힙합(ヒップホップ)

3. 밑줄 친 부분과 바꿔 쓸 수 있는 말을 골라 괄호 안에 알맞게 쓰십시오.

소통하다	빠지다	생생하다	되살리다	확대되다	응답하다	헛되다

(보기) TV방송에서 우연히 본 어떤 가수의 춤과 노래에 매혹되었다.
(빠졌다)

(1) 학창 시절의 추억이 마치 눈앞에 펼쳐지는 것처럼 느껴졌다.
(   )

(2) 그 가수의 인기는 중국, 일본 그리고 동남아시아로 점차 퍼졌다.
(   )

(3) 모두들 종교와 문화가 다르지만 서로 이야기하고 이해하려고 노력했다.
(   )

(4) 설문 조사에 대답해 준 대부분의 사람들은 30대 여성들이었다.
(   )

(5) 한번 무너진 신뢰를 다시 회복하는 게 얼마나 힘든지 아십니까?
(   )

(6) 계획이 취소되면서 지금까지의 노력이 물거품이 되고 말았다.
(   )
*물거품(水の泡)

4. 다음 글을 읽고 질문에 답하십시오.

<한국과의 인연>

　오래전에 TV 채널을 돌리다가 우연히 한국 아이돌의 노래를 듣게 되었는데 춤과 노래가 아주 훌륭했다. 그 후로 한국 아이돌에게 호감을 가지게 되어 노래를 다운로드를 받아 듣기도 하고 동영상을 찾아보기도 했지만 바쁜 일상에 쫓겨 다시 무관심해졌다.

　[（가）] 회사일로 한국에 일주일간 출장을 가게 되었다. 매일 거래처 사람들과 회의를 하고 시장조사를 하느라 시간 가는 줄 몰랐다. 한국에서의 마지막 날, 거래처의 김 부장님이 저녁 식사에 초대해 주었다. 그의 집을 방문했을 때 김 부장님의 아내와 그의 아버지까지 다 나와서 환영해 주었다. 갈비찜, 잡채, 해물전 등 푸짐하게 준비한 요리를 먹으며 우리는 영어와 일본어를 사용해서 대화를 나눴다. 김 부장님의 아버지가 일본 스모를 좋아하는 이유, 내가 K-pop을 좋아하게 된 계기 등, 우리는 밤늦도록 음식과 술을 나누며 이야기꽃을 피웠다. 짧은 만남이 아쉬웠던 우리는 내년에 다시 만나기로 약속하고 작별 인사를 했다.

　김 부장님의 가족을 통해서 알게 된 한국은 나에게 특별한 경험이었다. 왜냐하면 한국에 대해서 더 많이 알고 싶어졌기 때문이다. 그래서 지금 나는 본격적으로 한국어 공부를 하고 있다. 다음 한국 출장에서는 유창한 한국어로 한국인과 소통하고 싶다.

＊호감(好感)　시장조사(市場調査)

(1) (가)에 들어갈 알맞은 말을 고르십시오.

　① 그래서 그런지　　　② 그러던 어느 날　　　③ 그러한 이유로

(2) 윗글의 내용과 일치하면 ○ 다르면 ✕를 하십시오.

　① 글쓴이는 한국 출장 전까지 한국에 관한 지식이 전혀 없었다. (　　　)

　② 글쓴이는 한국 출장 중에 시장을 구경하느라고 바빴다. (　　　)

　③ 글쓴이는 한국어를 못해도 김 부장님의 가족들과 충분히 이야기를 나눌 수 있었다. (　　　)

＊글쓴이(著者)

(3) 다음 표현과 의미가 같은 단어를 윗글에서 찾아 쓰십시오.

　① 좋은 감정　　　　　　　　　⇨ ----------------------

　② 양이 아주 보기 좋게 많은 것 ⇨ ----------------------

　③ 말을 막힘없이 아주 잘한다　⇨ ----------------------

(4) 글쓴이가 한국어를 공부하게 된 직접적인 계기는 무엇입니까?

----

5. 다음 글을 읽고 질문에 답하십시오.

〈백남준과 함께한 구보타 시게코의 인생〉

전위 예술가인 구보타 시게코(久保田成子、1937~2015)와 세계적인 비디오 아티스트인 백남준(1936~2006)의 러브스토리는 한국에서 꽤 알려진 이야기다.

구보타는 백남준과 만나기 위해 유명한 예술가가 되어야겠다고 결심할 정도로 백남준의 열렬한 지지자였다. 이러한 그녀의 소망은 현실이 되어 두 사람은 운명처럼 뉴욕에서 만난다. 그러나 백남준이 아닌 다른 남자와 결혼한 구보타는 불행한 결혼생활 ⌜(가)⌟ 결국 이혼하고, 다시 백남준을 만나 재혼한다. 그 후 두 사람은 40년간 예술가 부부로 활동하게 된다. 백남준이 1996년에 뇌졸중으로 쓰러지자 구보타는 백남준이 예술활동을 계속 이어갈 수 있도록 그의 손발이 되어 곁에서 ⌜(나)⌟ 주었다.

구보타는 2010년 백남준의 예술세계와 사랑에 대해서 생생하게 기록한 회고록인 '나의 사랑 백남준'을 한국에서 출판하게 된다. 그 책을 통해 두 사람의 사랑과 예술이 많은 시련을 (다) 거치면서 더욱 깊어졌음을 알 수 있다. 한국의 한 잡지와의 인터뷰에서 "다시 태어나도 백남준과 결혼하고 싶다"고 말한 구보타는 안타깝게도 2015년에 암으로 세상을 떠났다.

＊전위(前衛)　열렬한(熱烈な)　뇌졸중(脳卒中)　곁(側)　회고록(回顧録)　시련(試練)

(1) (가)에 들어갈 알맞은 말을 고르십시오.

① 을 위하여　　② 만큼　　③ 로 인해　　④ 은커녕

(2) (나)에 들어갈 알맞은 말을 고르십시오.

① 통치해　　② 지탱해　　③ 개입해　　④ 새겨

(3) (다)의 「거치면서」와 같은 의미로 쓰인 것을 고르십시오.

① 부산을 거쳐서 서울로 왔습니다.

② 이 편지는 여러 사람의 손을 거쳤다.

③ 2년간의 계약사원을 거쳐 정사원이 되었다.　　＊정사원(正社員)

(4) 윗글의 내용과 일치하는 것을 고르십시오.

① 백남준은 부인과의 사랑에 대한 회고록을 남겼다.

② 시게코는 평범한 주부로 백남준의 예술 활동을 잘 이해해 주었다.

③ 시게코는 백남준이 병으로 쓰러졌을 때 옆에서 돌봤다.

6. 다음은 설문 조사 내용입니다. 글을 읽고 질문에 답하십시오.

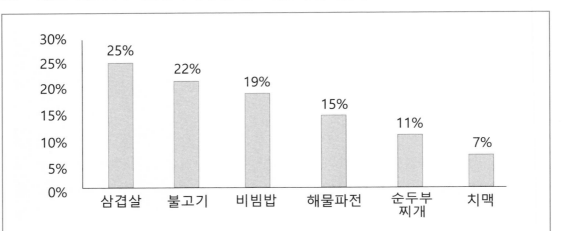

한국요리학원은 작년에 한국을 방문한 외국인 관광객 800명을 대상으로 좋아하는 한국 음식에 대해서 설문 조사를 했다. 응답자의 25%가 선택해 1위에 오른 음식은 삼겹살이었다. 그 다음으로는 불고기가 22%로 2위를 차지했으며, 비빔밥과 해물파전은 ┌(가)┐ 3위와 4위에 이름이 올랐다. 순위에 오른 음식 중에서 유일하게 매운 음식인 순두부찌개가 11%로 5위였으며, 한국인들이 치맥이라 부르며 즐겨 먹는 닭튀김과 맥주도 7%나 차지했다.

삼겹살을 선택한 이유로는 '식탁에서 직접 구운 고기를 채소에 싸서 먹는 방법이 신선하다' '맛있고 건강에 좋은 것 같다'가 많았다. 비빔밥과 해물파전의 경우에도 '채식주의자들도 부담없이 먹을 수 있다' '채소가 많아 건강식이다'라고 대답한 응답자가 다수 있었다. 그 외에도 '자신의 나라에서 순두부찌개를 먹어 본 경험이 있다' 또는 '한국 드라마를 보고 치맥을 알게 되었다'는 대답이 눈에 띄었다.

이러한 조사 결과┌(나)┐ 외국인들에게 한국 음식이 건강식으로 인식되고 있다는 것과 매운 음식보다는 맵지 않은 음식이 인기가 있다는 것을 알 수 있었다. 또한 한국의 음식 문화가 드라마나 영화와 같은 미디어┌(다)┐도 외국에 알려지고 있다는 사실이 아주 흥미롭다.

*순위(順位) 채식주의자(ベジタリアン、菜食主義者) 인식되다(認識される)

(1) 무엇에 대한 설문 조사입니까? 괄호 안에 알맞은 말을 써넣으십시오.

이 글은 (   )을 대상으로 그들이 좋아하는 (   )에 대해서
조사한 것입니다.

---

(2) (가)에 들어갈 알맞은 말을 고르십시오.

① 종종   ② 각각   ③ 때때로   ④ 어쩌다가

(3) (나)와 (다)에 들어갈 말을 고르십시오.

① 에 따라서   ② 를 가지고   ③ 를 통해서   ④ 에 대해서

(4) 다음에서 내용과 <u>맞지 않는 부분에 밑줄을 긋고</u> 고쳐 보십시오.

① 외국에 살고 있는 한국인을 대상으로 한 설문 조사다.

→ --

② 1위에서 6위까지의 음식 중에서 맵지 않은 음식은 순두부찌개밖에 없었다.

→ --

③ 한국 음식은 고기 요리가 많아서 몸에 좋은 건강식이라는 대답이 많았다.

→ --

④ 외국인들은 한국 음식 중에서 맵지 않은 음식보다 매운 음식을 더 선호
한다는 것을 알 수 있었다.

→ --

제11과 관용표현과 사자성어

1. 다음 사자성어를 한국어로 쓰십시오.

| (1) 一石二鳥 → | (2) 東問西答 → | (3) 七転八起 → | (4) 天下泰平 → |
| (5) 深思熟考 → | (6) 八方美人 → | (7) 束手無策 → | (8) 咸興差使 → |

2. 다음 단어 중에서 알맞은 단어를 골라 문장을 완성하십시오.

| 근심 | 절약 | 유래 | 표시 | 항구 | 신상품 | 탈 |

(1) 이 속담은 조선시대에서 그 (   )를 찾아볼 수 있다.

(2) 생활비를 (   )해야 대학 등록금을 낼 수 있을 것 같아요.

(3) 이 바지는 올봄에 새로 나온 (   )이라서 세일을 하지 않습니다.

(4) 상혁 씨는 사람은 참 좋은데 입이 가벼운 게 (   )이야.

(5) 자식이 결혼해서 독립을 해도 부모는 자식 생각에 (   )이 많다.

(6) 이 야채는 원산지가 (   )되어 있지 않네요.   ＊원산지(原産地)

(7) 요코하마는 일본의 대표적인 무역 (   )도시로 성장했습니다.

3. 다음 밑줄 친 부분과 바꿔 쓸 수 있는 말을 골라 알맞게 쓰십시오.

엉뚱하다	어기다	느긋하다	길들이다	거듭하다	망치다	지치다

(1) 여러 야채를 심었는데 심한 가뭄 때문에 다 <u>못 쓰게 됐어요</u>.
( )

(2) 딴생각을 하다가 선생님 질문에 <u>전혀 다른</u> 대답을 했다.
( ) ＊딴생각(別のことを考えること)

(3) 옆집에서 얻은 강아지를 우리 집 환경에 <u>익숙해지게 하려면</u> 얼마나 오래 걸릴까?
( )

(4) 쉬는 시간도 없이 계속 회의를 해서 <u>너무 힘들었어요</u>.
( )

(5) 그 사람은 다음 달까지 빌린 돈을 갚기로 한 약속을 <u>지키지 않았다</u>.
( )

(6) 내 동생은 아무리 급한 일이 있어도 <u>서두르지 않는다</u>.
( )

(7) 그는 사법 시험에서 낙제를 <u>몇 번 한</u> 후에 합격의 영광을 얻었다.
( ) ＊낙제(落第)

4. (보기)와 같이 공통으로 들어갈 단어를 사용하여 문장을 완성하십시오.

(보기) 엄마가 오빠한테만 잘해 주는 것 같아서 질투가 (난다.)
이 도로에서는 작년에 교통사고가 여러 번 (났다.)

(1) ・월말에는 회사 일이 많아서 늘 녹초가 ( ) 집에 돌아온다.
・전철에 사람이 하도 많아서 완전히 파김치가 ( )

(2) ・어제 간 불꽃놀이에는 발 디딜 틈이 ( ) 정도로 붐볐다.
・원고를 마감하는 날이 다가와서 눈코 뜰 새 ( ) 바쁘다.

(3) ・더위를 ( ) 그런지 아무것도 하기 싫네요.
・밤길에 어떤 남자가 따라오는 것 같아 나는 겁을 ( ) 도망갔다.

(4) ・우리 언니는 오지랖이 ( ) 항상 다른 사람 일에 참견한다.
・사장님은 발이 ( ) 각계각층에 지인이 참 많은 것 같다.

＊각계각층(各界各層)

5. (보기)와 같이 한자로 제시한 사자성어 중에서 알맞은 것을 골라 대화를 완성하십시오.

| 東問西答 | 七転八起 | 莫上莫下 | 一石二鳥 | 咸興差使 | 天下泰平 |

(보기) 가: 어제 올림픽 컬링 경기 봤어? 정말 볼 만했지?   *컬링(カーリング)

　　　 나: 응, 끝까지 막상막하여서 비길 줄 알았어.

(1) 가: 너 내일 시험이라면서 잠만 자니? 참 ＿＿＿＿＿＿＿이구나.

　　 나: 이따 공부할 거예요. 너무 걱정하지 마세요.

(2) 가: 언니는 책 사러 서점에 간다더니 아직도 안 왔니?

　　 나: 네, 엄마. 아직 안 왔는데요.

　　 가: 얘는 한번 나가면 ＿＿＿＿＿＿＿네. 늦으면 늦는다고 전화라도 하지.

(3) 가: 내일부터 출장은 어디로 가는데?

　　 나: 갔다가 다음 주 월요일에 와.

　　 가: 아니, ＿＿＿＿＿＿＿하지 말고. 어디로 가냐고 물었잖아.

(4) 가: 오늘 MVP 상을 받은 김상진 선수는 ＿＿＿＿＿＿＿의 정신으로 포기하지
　　　 않고 계속 도전하여 오늘의 영광을 얻게 되었습니다. 축하합니다.

　　 나: 정말 감사합니다. 팬분들께도 감사드립니다.

(5) 가: 사장님, 이 프로젝트가 성공한다면 큰 수익은 물론 우리 회사가 세계 시
　　　 장으로 진출할 수 있는 기회가 될 겁니다.

　　 나: 음, ＿＿＿＿＿＿＿의 효과가 있군. 좀 더 구체적으로 기획안을 짜 보세요.

6. 밑줄친 부분에 알맞은 관용표현을 써넣어 글을 완성하십시오.

(보기)

> 　이제 대학 입학시험이 한 달 남았다. 남은 한 달 동안
> 은 한눈 팔지 말고 공부에만 집중해야겠다. 내가 좋아하
> 는 게임도 당분간은 자제하고 친구들과 어울리는 시간도
> 없애야겠다.　　　　　　　　*자제하다(自制する)

(1)

우리 엄마는 _____ 편이라서 음식을 항상 많이 한다. 우리 식구는 네 명인데 어제도 김밥을 10인분이나 만들어서 옆집에도 나눠 주고 근처에 사는 시집간 언니한테도 갖다줬다.

(2)

시어머니께서 제사 때문에 할 이야기가 있으니 저녁에 잠깐 들르라고 하셔서 퇴근 후에 시댁에 들렀다. 어머님께서는 제사 이야기를 조금 하시다가 도중에 친구분하고 다툰 이야기만 계속하셨다. 어머님과 이야기를 나눌 때 이렇게 _____ 경우가 한두 번이 아니다.

(3)

우리 남편은 회사 일이 보통 저녁 7시경에 끝나지만 집에서 저녁 식사를 같이 하는 경우는 일주일에 한 번 정도뿐이다. 회사 일이 바빠서가 아니라 지인들이 워낙 많아서 모임을 자주 가진다고 한다. 남편이 _____서 아는 사람이 많은 건지 _____ 건지 모르겠다.

(4)

남자 친구랑 연극을 보기로 했다. 극장 앞에서 만나기로 했는데 약속시간이 지나도 나타나지 않았다. 전화를 해도 연락이 되지 않았다. 결국 _____ 나는 혼자서 연극을 봤다. 연극이 끝난 후에 핸드폰을 확인하니 남자 친구에게서 '무슨 일이야?'라는 메시지가 와 있었다. 기가 막힌 나는 전화를 해서 오늘 약속을 잊어 버렸냐고 물었다. 남자 친구는 다음 주인 줄 알았다고 했지만 아무래도 _____ 것 같았다. 나는 화가 잔뜩 나서 통화 도중에 전화를 끊어 버렸다.

7. 다음 중 알맞은 속담을 골라 대화를 완성하십시오.

호랑이도 제 말 하면 온다	시작이 반이다
등잔 밑이 어둡다	쇠귀에 경 읽기

(1) 가: 유진아, 내 안경 못 봤니?

　　나: 언니 손에 있는 건 뭐야? ＿＿＿＿＿＿＿＿＿＿ 더니 들고 있으면서 찾아?

(2) 가: 난 언제 너처럼 피아노를 잘 칠 수 있을까?

　　나: ＿＿＿＿＿＿＿＿ 고 하잖아. 배우기 시작했으니까 곧 잘할 수 있을 거야.

(3) 가: 남편한테 과음하면 몸에 안 좋으니까 술을 좀 줄이라고 해도 들은 척도 안 해.

　　나: 우리 남편도 마찬가지야. 매일 같은 말을 해도 ＿＿＿＿＿＿＿＿＿＿ 야.

(4) 가: 우리 교수님은 과제를 너무 많이 내 주셔. 정말 너무해.

　　나: 어머, ＿＿＿＿＿＿＿＿＿＿＿＿ 더니 저기 교수님 오신다.

8. (보기)와 같이 「먹다」를 사용하여 바꿔 쓸 수 있는 말을 쓰십시오.

(보기) 이모부 회사가 갑자기 도산을 했다는 소식을 듣고 너무 놀랐어요.

→ (쇼크를 먹었어요.)

(1) 형은 올해 세 번째 공무원 시험에도 떨어졌어요. → (　　　　　　)

(2) 어제 잠을 잘 못 잤더니 오늘 화장이 뜨네. → (　　　　　　)

(3) 여동생이 만들어 준 초콜릿 안에 고춧가루가 들어 있는 줄 모르고 먹었어요. 동생한테 완전히 당했어요. → (　　　　　　)

(4) 제가 요즘 더위 때문에 몸이 지쳤는지 통 식욕이 없네요.

→ (　　　　　　)

(5) 시골에 있는 고모 댁에 처음 갔는데 길을 몰라 찾느라고 한참 고생했어요.

→ (　　　　　　)

(6) 가: 언니, 영준이랑 서핑 배우러 간다더니 어땠어?

　　나: 말도 마. 애가 바다에 가서 높은 파도를 보더니 무서웠는지 서핑 안 배우겠대. → (　　　　　　)

9. 다음 밑줄 친 부분에는 관용표현을 쓰고, 빈 네모 칸에는 사자성어를 쓰십시오.

(1)

요즘 졸업 논문 때문에 밤늦게까지 잠을 이루지 못하는 날이 많다. 낮에는 아르바이트를 하고 밤에는 주로 논문을 쓰기 때문이다. 게다가 취직 준비까지 겹쳐서 여러 회사에 이력서를 내고 면접도 보느라고 동　　　하며 <u>눈코　　　　　</u> 바쁜 하루를 보내고 있다.

(2)

여동생은 머리도 좋고 얼굴도 예쁘다. 게다가 일도 잘할 뿐만 아니라 운동도 잘하는 팔　　　이다. 그래서 그런지 눈이 <u>　　　　　</u> 남자를 만날 때도 이것저것 조건을 따진다. 언니인 나는 조건만 보고 남자를 사귀면 안 된다고 신　　　하지만 자기는 결코 조건만 보는 건 아니라고 우긴다.

＊조건을 따지다(条件で選ぶ)

(3)

오랜만에 대학교 동기와 만나기로 했다. 친구는 결혼을 전제로 사귀고 있는 여자 친구를 데리고 나왔다. 우리는 함께 식사도 하고 술을 마시면서 여러 이야기를 나눴다. 그런데 내가 술에 취해서 실수로 친구가 예전에 사귀던 여자와 결혼 직전까지 갔다는 이야기를 해서 분위기가 나빠졌다. 그 후 두 사람은 크게 싸우고 결국 헤어졌다고 한다. 나 때문에 <u>산통이　　　　　</u> 것 같아서 너무 미안했다. 친구는 그녀와 헤어진 후 자　　　한 심정으로 지내고 있다고 들었다.

＊전제로(前提に)

(4)

아이들의 여름방학을 맞아 온 가족이 관광도 하고 불꽃놀이도 볼 겸 2박 3일로 여행을 떠났다. 우리는 호텔에 도착하자마자 불꽃놀이를 보기 위해 택시를 잡아탔다. 불꽃놀이 장소가 호텔에서 가깝다고 들었는데 택시 기사가 길을 헤매는 바람에 요금이 생각보다 많이 나왔다. 왠지 <u>바가지를　　　　　</u> 기분이었다. 설　　　으로 비까지 쏟아져서 불꽃놀이는 결국 도중에 취소되고 말았다. 정말 운이 나쁜 하루였다.

제12과 축제

Key Point
- -답다/-스럽다
- -(ㄴ/는)다(고) 치다
- -치고

1. 다음의 가로세로 단어 퍼즐에 알맞은 말을 쓰십시오.
   동사와 형용사는 기본형(基本形)으로 쓰십시오.

				(1) 따	(2) 다		(5)	(6)	
(9)	(10)								
	(11)	(12)		(3)					
				(4)			(7)		
					(8)				
(13)		(14)						(15)	
				(16)					

〈가로〉
(1) 나무에서 잎이나 열매를 ○○.
(4) 얼굴에 가면을 쓰고 추는 한국 전통 춤.
(5) 비둘기는 ○○의 상징.　＊상징(象徵)
(7) 기온이 영하로 내려가면 물이 응고된다.　＊응고(凝固)
(8) 술을 너무 많이 마신다는 의미.
(9) 사람마다 좋아하는 ○○은 다르지요.
(11) 어떤 일이 이루어지기를 바라고 기다리는 것. 예) 콘서트가 ○○돼요.
(13) 시합에서 이기거나 지는 사람이 없다.
(15) 두 사람은 ○○을 끼고 걸었다.
(16) 새로운 상품을 대중에게 알리는 것을 의미한다.

〈세로〉
(2) 차를 우리거나 마실 때 지켜야 하는 예법.　＊예법(礼儀作法)
(3) 뭘 잘못 먹었는지 ○○이 났어요.
(6) 옷이나 장식이 빛나며 눈에 띈다.
(7) 음료수에 이것을 넣으면 시원하다.
(10) 꽃이나 향수에서 나는 좋은 냄새.
(12) 어떤 집단에서의 리더.
(14) 앞에서 달려오는 사람과 어깨를 세게 ○○○○.
(15) 어떤 일에 정신이 ○○○ 다른 일에 집중하지 못한다.
(16) '붉은색'과 같은 의미의 한자어.

2. 〈보기〉와 같이 자음을 참고로 하여 문장을 완성하십시오.

(보기)	(1)	(2)
우리는 해돋이를 보면서 그 아름다움에 (감탄했다.)	장난으로 친구 얼굴에 진흙을 (ㅁ　　　) *장난으로(いたずらで)	나는 얼음낚시를 하기 위해서 빙판을 (ㄲ　　　)
(3)	(4)	(5)
호텔 직원은 손님에게 인사하기 위해 허리를 (ㄱ　　　)	나는 맛있는 음식을 보는 순간 입에 침이 (ㄱ　　　)	어제는 폭설이 내려서 비행기가 못 (ㄸ　　　)

3. 다음 중 알맞은 말을 골라 문장을 완성하십시오.

격렬하다　　우리다　　참여하다　　조숙하다　　든든하다　　승부가 나다　　평판이 좋다

(보기) 오케스트라를 지휘하는 지휘자의 몸짓이 격렬했다.

(1) 찻잎은 첫 번째 _____ 물은 버리고 두 번째 것을 마시는 게 맛있대요.

(2) 동생들을 잘 챙기는 장남을 보면 늘 _____

(3) 우리 아이는 나이에 비해 어른스러워서 _____ 보인다.

(4) 그 축구 시합은 전반전에 점수 차가 커서 이미 _____ 고 할 수 있다.

(5) 그 축제는 남녀노소 누구나 부담 없이 즐길 수 있어서 시민들에게 _____

(6) 안동 축제에는 사물놀이 체험이나 탈 만들기와 같이 관객들도 함께 _____ 수 있는 행사가 많다.

4. (보기)와 같이 「-답다」와 「-스럽다」 중 맞는 것을 골라 알맞게 써넣으십시오.

(보기) 도쿄는 세계적인 관광지답게 거리가 깨끗하고 볼거리가 많다.

(1) 정수가 창문을 깨 놓고 안 깼다고 거짓말을 하는 건 아닌지 의심

(2) 이렇게 비싼 선물을 받으면 부담

(3) 과연 통역사   독일어를 아주 유창하게 잘하시는군요.

(4) 여행을 간다고 했다가 안 간다고 했다가 왜 그렇게 변덕   ?

(5) 영국 최고의 축구팀   월드컵에서 준우승을 차지했어요.

(6) 유명한 관광지라고 해서 갔는데 너무 지저분해서 많이 실망

(7) 정성   만든 털모자를 선물로 받아서 얼마나 기쁜지 모르겠어요.

5. 다음 대화에서 쓰인 「-스럽다」와 「-롭다」 중에서 맞는 것을 고르십시오.
(1) 가: 이렇게 향기(스러운/로운) 차를 마시며 좋은 음악을 들으니까 행복해요.
    나: 저도 이렇게 여유(스러운/로운) 시간이 오래간만이라 참 좋네요.

(2) 가: 갑작(스럽게/롭게) 회사를 그만둔다고요? 이유라도 말해 주세요.
    나: 회사 일에 지쳤어요. 좀 더 흥미(스러운/로운) 일을 찾고 싶어요.

(3) 가: 저 선수는 시합에서 진 적이 없어서 정말 믿음직(스러워요/로워요).
    나: 그뿐이겠어요? 좋은 일도 많이 해서 너무 자랑(스러워요/로워요).

(4) 가: 이 도자기는 정말 고급(스러워/로워) 보이지 않아요?
    나: 맞아요. 천 년 전에 만들었는데 어떻게 이런 신비(스러운/로운) 색을 낼
    수 있었을까요?

(5) 가: 나무로 지어진 이 박물관은 고풍(스러운/로운) 분위기로 유명하죠.
    나: 아름답네요. 벽에 걸려 있는 소녀 그림도 아주 사랑(스러워요/로워요).

(6) 가: 부담(스럽지/롭지) 않은 가격에 이런 맛과 서비스를 제공하다니 감격했
    어요.
    나: 맞아요. 게다가 음식도 참 정성(스럽게/롭게) 만들었죠?

6. ⟨보기⟩와 같이 다음의 단어 중에서 알맞은 것을 골라 문장을 자유롭게 만드십시오.

촌스럽다	갑작스럽다	향기롭다	자연스럽다
자랑스럽다	명예롭다	여유롭다	너답다

⟨보기⟩ ⟨상황⟩ 여동생이 꽃무늬 블라우스에 꽃무늬 바지를 입고 있습니다.

언니: 위아래가 다 꽃무늬라서 좀 <u>촌스러워 보여</u>. 바지는 다른 걸로 입는 게 어때?

(1) ⟨상황⟩ 어머니는 배우인 딸이 출연한 드라마를 보고 딸의 연기에 감동했습니다.

어머니: 우리 딸이 아주 --------------- 연기하는 걸 보고 놀랐어. 네가 ---------------

(2) ⟨상황⟩ 언제나 숙제를 꼼꼼하고 완벽하게 해 오던 학생이 오늘은 해 오지 않았습니다.

선생님: 무슨 일 있니? --------------- ---------------

(3) ⟨상황⟩ 남자 친구가 장미꽃다발을 여자 친구에게 선물합니다.

여자 친구: 고마워. --------------- ---------------

(4) ⟨상황⟩ 한국의 한 소설가가 노벨상을 받게 되어 수상 소감을 말합니다. *수상 소감(受賞の所感)

수상자: --------------- ---------------

(5) ⟨상황⟩ 남편은 지난달에 회사를 정년퇴직했습니다.

아내: 이제 회사도 퇴직했으니까 --------------- ---------------

(6) ⟨상황⟩ 갑자기 직장 상사가 다음 주부터 지방에 있는 지사로 출근하라는 말을 했습니다.

부하 직원: --------------- ---------------

7. 「-(ㄴ/는)다고 치다」를 사용해서 문장을 완성하십시오.

> (보기) 가: 만약에 이 비행기를 타면 8시까지 부산에 갈 수 있을까?
>
> 나: 이 비행기를 <u>탄다고 쳐도</u> 그 시간까지는 가기 힘들 거야.

(1) 가: 냉장고에 먹을 것도 없는데 점심은 그냥 빵으로 때우자.

　　나: 점심은 빵으로 ＿＿＿＿＿＿＿＿＿고 저녁은 뭘 먹지?

(2) 가: 준수한테 빌려준 책 못 받았지? 책은 돌려 받기 힘들다고 하더라고.

　　나: 맞아. 나도 그럴 것 같아서 그냥 ＿＿＿＿＿＿＿＿＿고 새로 사려고 해.

(3) 가: 한 달에 300만 원을 ＿＿＿＿＿＿＿＿＿면 1년 동안 얼마를 모을 수 있을까?

　　나: 그건 얼마를 버느냐보다 얼마를 저금하느냐에 달려 있지.

(4) 가: 어제 점을 봤는데 점쟁이는 내가 5년 후에 큰 부자가 될 거라고 했어.

　　나: 설령 점쟁이가 그렇게 ＿＿＿＿＿＿＿＿＿더라도 너무 믿지 않는 게 좋아.

*설령(たとえ)

8. (보기)와 같이 「명사 + 치고 (例外なくほとんど)」의 문장으로 바꿔 쓰십시오.

> (보기) 대부분의 운동선수는 몸이 좋다.
>
> → <u>운동선수치고 몸이 좋지 않은 사람은 별로 없다.</u>

(1) 싼 물건은 대부분 오래 쓸 수 없다.

　　→ ＿＿＿＿＿＿＿＿＿＿＿＿＿＿＿＿＿＿＿＿＿＿＿＿＿＿

(2) 바닷가 근처에 사는 사람들은 거의 다 수영을 할 수 있다.

　　→ ＿＿＿＿＿＿＿＿＿＿＿＿＿＿＿＿＿＿＿＿＿＿＿＿＿＿

(3) 동물을 좋아하는 사람들은 거의 다 착한 사람들이다.

　　→ ＿＿＿＿＿＿＿＿＿＿＿＿＿＿＿＿＿＿＿＿＿＿＿＿＿＿

9. 「명사 + 치고 (～にしては)」를 사용해서 문장을 만들어 보십시오.

> (보기) 이 커피는 천 원짜리인데도 마실 만해요.
>
> → <u>이건 천 원짜리 커피치고 마실 만하네요.</u>

(1) 이 물건은 가격이 싼데도 질이 아주 좋아.

　　→ ＿＿＿＿＿＿＿＿＿＿＿＿＿＿＿＿＿＿＿＿＿＿＿＿＿＿

(2) 패션모델들은 다 키가 큰데 그 사람은 작은 편이에요.

　　→ ＿＿＿＿＿＿＿＿＿＿＿＿＿＿＿＿＿＿＿＿＿＿＿＿＿＿

(3) 초보 운전자는 대부분 운전을 잘 못하는데 그 사람은 잘하는 편이에요.

　　→ ＿＿＿＿＿＿＿＿＿＿＿＿＿＿＿＿＿＿＿＿＿＿＿＿＿＿

10. 다음 글을 읽고 물음에 답하십시오.

선배: 휴가 때 영국으로 여행간다고 하더니 잘 갔다 왔어요?

후배: 네, 런던으로 가족 여행을 다녀 왔어요. 저희 영어가 서툴러서 몸짓과 표정으로 의사소통을 해야 했지만 좋은 경험이었어요.

선배: 런던은 물가가 비싸던데 여행하기 (보기) 부담스럽지 않았어요?

후배: 사실 뭐든 비싸서 돈을 쓰기가 ① 조심 _____ . 음식점도 다 비싸고. 참! 대영박물관은 입장이 무료였는데요, 역시 세계적인 ② 박물관 _____ ③ 흥미 _____ (가) 볼거리가 아주 많았어요. 그리고 뮤지컬 '오페라의 유령'도 관람했는데 무대가 화려하고 배우들이 노래를 너무 잘해서 감탄하면서 봤어요.

선배: 정말 즐거웠겠네요. 런던만 구경했어요?

후배: 아뇨. 축구 보러 맨체스터에도 들렀어요. 영국축구는 한국축구하고 다르게 (나) 격렬하더라고요. 선수들이 서로 부딪치기도 하고 다치기도 해서 조금 놀랐어요. 어쨌든 이번 여행은 정말 ④ 만족 _____ 여행이었어요.

선배: 축구도 관람했군요. ⑤ 영국사람 _____ 축구 싫어하는 사람은 별로 없다던데요.

후배: 맞아요. 아! 선배님 드리려고 초콜릿을 사 왔는데 깜빡하고 안 가져왔네요.

선배: 받았다고 칠게요. 마음만이라도 고마워요.

(1) 다음에서 알맞은 것을 골라 (보기)와 같이 ①~⑤에 써넣으십시오.

-답다	-스럽다	-롭다	-치고

(2) (가)와 (나)의 「볼거리-격렬하다」의 발음을 맞게 표기한 것을 고르십시오.

① [볼거리] – [경녈하다]   ② [볼꺼리] – [결렬하다]

③ [볼꺼리] – [경녈하다]   ④ [볼거리] – [결렬하다]

(3) 윗글의 내용과 다른 것을 고르십시오.

① 글쓴이는 대영박물관에 입장료를 내지 않고 들어갔다.

② 글쓴이는 런던에서 맨체스터 축구팀의 경기를 보았다.

③ 글쓴이가 본 뮤지컬은 무대가 화려하고 가창력이 뛰어난 배우들이 많았다.

제13과 여유 있는 삶

Key Point
· –다가는
· –다(가) 보면
· –(으)ㄹ까 봐(서)
· –더러

1. 다음 괄호 안에 들어갈 단어를 골라 써넣으십시오.

원고	사표	편집장	잡곡밥	여유롭다	자명종 시계

　　출판사에 입사한 지 올해로 10년째, 나는 이제 ① (　　　　　)이 되었다. 일이 더욱 바빠진 나는 아침 6시에 울리는 ② (　　　　　) 소리에 눈을 뜨고 7시 20분에는 집을 나선다. 그리고 매일 블랙커피를 마시면서 책상 위에 쌓인 ③ (　　　　　)를 검토하는 일로 하루의 일을 시작한다. 원고를 수정하고 편집하다 보면 늘 자정이 다 되어서야 퇴근한다. 당연히 취미 생활을 즐기거나 긴 여행을 할 ④ (　　　　　) 시간을 갖기가 쉽지 않다. 어머니는 주말도 없이 바쁘게 살아가는 딸이 걱정돼서 몸에 좋은 ⑤ (　　　　　)에 각종 나물 등 언제나 영양가가 풍부한 음식으로 식사를 차려 주신다. 요즘에는 나 역시 건강을 해칠까 봐 조금 염려가 된다. 그래서 회사에 ⑥ (　　　　　)를 내고 나를 돌아보는 시간을 가져 볼까 하는 생각이 종종 든다.

2. 다음 밑줄 친 표현과 의미가 비슷한 것을 골라 연결하십시오.

(1) 베란다에서 상추와 오이를 <u>키우고 있어요</u>.　　·　　　·　느리다

(2) 나는 식사하는 시간이 다른 사람보다 <u>오래 걸린다</u>.　　·　　　·　요양하다

(3) 병 안에 물을 가득 <u>넣었다</u>.　　·　　　·　떠올리다

(4) 엄마는 시골에서 <u>쉬면서 병을 치료하고 있다</u>.　　·　　　·　채우다

(5) 부모님이 그게 거짓말이라는 걸 <u>알게 될까 봐</u> 숨겼다. ·　　　·　재배하다

(6) 사고 현장을 <u>생각해 내려고</u> 했지만 생각이 안 났다. ·　　　·　잘나가다

(7) 그 가수는 데뷔한 지 1년밖에 안 됐지만
　　<u>인기가 꽤 많다</u>.　　·　　　·　들키다

3. 알맞은 단어를 골라 적절한 형태로 써넣어 문장을 완성하십시오.

나다	켜다	맺다	가리다	물리다	달성하다

(1) 우리 애는 낯을 .... 모르는 사람만 보면 울어요.

(2) 아침에 일어나서 기지개를 .... 것만으로도 운동이 된대요.

(3) 힘들겠지만 노력하다 보면 결실을 .... 날이 올 거예요.

(4) 다리가 가려운데 아무래도 모기에 .... *가렵다(かゆい)

(5) 날씨도 더운데 습도까지 높으니까 괜히 짜증이 ....

(6) 올해 우리 회사가 .... 목표는 매출을 120％까지 올리는 것입니다.

*매출(売り上げ)

4. (보기)와 같이 괄호 안에 알맞은 단어를 골라 써넣으십시오.

당기다	숙이다	돌리다	구부리다	올리다	뻗다

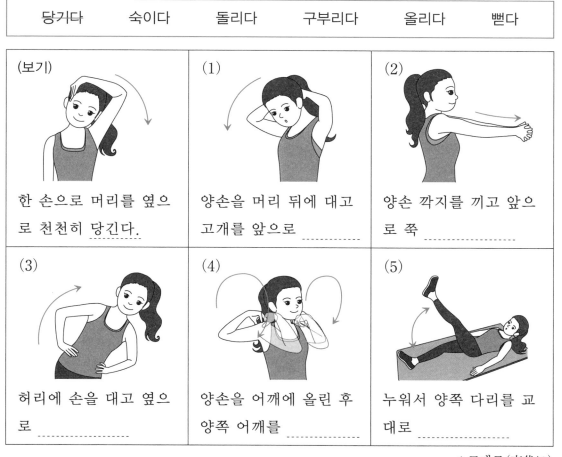

(보기) 한 손으로 머리를 옆으로 천천히 당긴다.

(1) 양손을 머리 뒤에 대고 고개를 앞으로 ....

(2) 양손 깍지를 끼고 앞으로 쭉 ....

(3) 허리에 손을 대고 옆으로 ....

(4) 양손을 어깨에 올린 후 양쪽 어깨를 ....

(5) 누워서 양쪽 다리를 교대로 ....

*교대로(交代に)

5. (보기)와 같이 「-다가는」 또는 「-다가*」를 사용하여 문장을 완성하십시오.

(보기)	반장은 아이들에게 이렇게 시끄럽게 <u>떠들다가는</u> 선생님한테 혼날 거라고 말했지만 아이들은 반장의 말을 듣지 않았다. 결국 계속 <u>떠들다가</u> 담임 선생님한테 엄청 혼이 났다.
(1)	동생이 나한테 엄마 몰래 그렇게 ----------------------- 언젠가 들킬 거라고 주의를 주었다. 결국 어젯밤에 ----------------------- 엄마에게 들켜서 혼이 났다.
(2)	엄마는 나에게 그렇게 공부를 ----------------------- 대학 입시에서 떨어질 거라고 했다. 엄마 말을 안 듣고 ----------------------- 결국 나는 시험에 떨어지고 말았다.
(3)	친구들이 나에게 운전할 때 지금처럼 교통 신호를 ----------------------- 언젠가 사고를 낼지도 모른다고 했다. 그러던 어느 날 나는 결국 교통 신호를 ----------------------- 사고를 냈다.
(4)	친구가 나에게 그렇게 돈을 막 ----------------------- 나중에 큰일 날 거라고 주의를 주었지만 들은 척도 안 했다. 결국 돈을 계획 없이 ----------------------- 지금은 카드 빚 때문에 고생하고 있다.
(5)	밤마다 야식을 ----------------------- 금방 살이 찔 것 같아서 자제하려고 하는데 그게 잘 안된다. 결국 나는 매일 야식을 ----------------------- 한 달 사이에 몸무게가 3kg이나 늘고 말았다.

*「-다가」는 「できる韓国語 中級Ⅰ」（第2課）に出る文型。

6. (보기)와 같이 「-다(가) 보면」과 「-다(가) 보니까」 사용하여 대화를 완성하십시오.

(보기) 가: 요즘 밤새 스마트폰으로 드라마를 보다 보니까 아침에 못 일어나겠더라고.

나: 너 그렇게 매일 작은 화면으로 오래 보다 보면 눈도 나빠진다.

(1) 가: 제가 영업 사원이라서 여러 사람을 ------------------- 이제는 얼굴만 봐도 성격을 알겠어요.

나: 그래요? 그래도 ------------------- 보기와 다른 사람도 가끔 있죠?

(2) 가: 계속 같은 화장품을 ------------------- 이제는 다른 걸로 바꿔 보고 싶네요.

나: 그럼 이걸로 바꿔 보세요. 이걸 ------------------- 확실히 효과를 느끼실 거예요.

(3) 가: 제가 시골에서 몇 년 ------------------- 불편한 점이 이것저것 많더라고요.

나: 그래도 ------------------- 도시보다 시골이 편해질지도 몰라요.

(4) 가: 매일 점심으로 인스턴트 음식을 ------------------- 살이 찐 것 같아요.

나: 매일 그렇게 ------------------- 몸도 안 좋아져요.

(5) 가: 반려동물을 ------------------- 의외로 돈이 많이 들 때가 있다던데….

나: 네, 제가 고양이를 ------------------- 병원비도 그렇고 사료값도 만만치 않더라고요.   *사료(飼料、餌)

(6) 가: 그 작가의 추리소설을 ------------------- 너무 재미있어서 푹 빠졌어요.

나: 그 사람이 쓴 다른 소설도 ------------------- 너도 그 작가의 팬이 될 거야.

(7) 가: 집에서 인터넷 쇼핑만 ------------------- 사람이 많은 쇼핑몰에는 가는 게 귀찮아졌어.

나: 귀찮아도 시내에서 쇼핑을 ------------------- 재미있는 점도 많이 발견하게 될 거야.

7. 다음에서 「−더러」가 맞으면 〇, 틀리면 ╳를 하십시오.

(1) 비가 와서 내가 동생더러 우산을 가지고 전철역으로 나오라고 했어요. (　　　)

(2) 경희야, 엄마가 너더러 슈퍼에서 간장 좀 사 오래. (　　　)

(3) 부장님께서 이 서류를 사장님더러 전하라고 하셨습니다. (　　　)

(4) 선생님께서 누구더러 교무실로 오라고 말씀하셨어? (　　　)

8. 밑줄 부분에 「−(으)ㄹ까 봐(서)」를 사용하여 회화를 완성하십시오.

> (보기) 가: 이모, 김치 포장을 여러 겹으로 많이 싸셨네요.
>
> 　　　나: 김치 국물이 샐까 봐 안전하게 쌌지. 　　*여러 겹(幾重) 새다(もれる)

(1) 가: 엄마, 어제 먹고 남은 카레 어디에 있어요?

　　나: 응, 날씨가 더워서 ＿＿＿＿＿＿＿＿ 냉동실에 넣어 뒀어.

(2) 가: 오늘은 술을 별로 안 마시네. 웬일이야?

　　나: 지난주에 취해 가지고 실수했거든. 그래서 오늘도 ＿＿＿＿＿＿＿＿ 그래.

(3) 가: 저는 건망증이 심해서 장을 보러 가면 꼭 하나씩 빠뜨리고 안 사고 와요.

　　나: 저 같은 경우는 사야 할 물건 중에서 하나라도 ＿＿＿＿＿＿＿＿＿＿＿＿ 꼭
　　종이에 써서 가지고 가요. 　　*건망증(物忘れ)

(4) 가: 오늘 아침 전철에 사람이 너무 많아서 못 내릴 뻔했어요.

　　나: 그래서 저는 출근 시간에 ＿＿＿＿＿＿＿＿ 항상 문 옆에 서 있어요.

(5) 가: 요즘 독감이 유행이래요.

　　나: 그래서 저는 우리 애가 독감에 ＿＿＿＿＿＿ 집에 오면 손부터 씻게 해요.

(6) 가: 이번 주에 가는 캠핑장은 산 밑에 있으니까 모기나 벌레가 많겠지?

　　나: 그렇지 않아도 벌레에 ＿＿＿＿＿＿ 약도 벌써 챙겨 놨어.

(7) 가: 엄마, 아버지 입원하신 거 왜 말씀 안 하셨어요?

　　나: 너희들 괜히 ＿＿＿＿＿＿ 그랬지. 큰 병이 아니니까 걱정하지 마라.

(8) 가: 환풍기는 왜 켜 놨어?

　　나: 아까 생선을 구웠는데 냄새가 ＿＿＿＿＿＿ 잠시 켜 놨어.

9. 다음 글을 읽고 문제에 답을 하십시오.

어머님. 그동안 잘 지내셨어요? 남편이 회사에 사표를 내고 저희가 시골로 이사 온 지도 벌써 3년이나 지났네요. 3년 전에 어머니께서 밤낮없이 일만 ① (하다) ＿＿＿＿＿＿ 병 난다고 말씀하셨는데, 사실 저도 그때는 남편 건강이 ② (나빠지다) ＿＿＿＿＿＿ 많이 걱정했었어요. 지금은 모두 건강하게 잘 지내고 있어요. 농사는 힘든 일도 많지만 보람을 느낄 때도 많아요. 3년 정도 채소를 ③ (재배하다) ＿＿＿＿＿＿ 이제 전문가가 다 됐어요. 지금은 수입이 별로 없지만 앞으로 열심히 ④ (하다) ＿＿＿＿＿＿ 차차 수입도 늘겠지요. 한가지 걱정은 고등학생이 된 큰 애가 산으로 강으로 태평하게 놀러만 다니는 거예요. 계속 이렇게 ⑤ (놀다) ＿＿＿＿＿＿ 원하는 대학교에 ⑥ (못 들어가다) ＿＿＿＿＿＿ 걱정이 돼요. 그래도 경쟁이 심한 도시에 있는 학교에 있었다면 다른 아이들보다 ⑦ (뒤처지다) ＿＿＿＿＿＿ 안절부절 걱정이 많았을 테지만, 여기서는 밝고 건강하게 자라는 것 같아서 그 점은 안심이 돼요. 이번에 수확한 채소와 직접 담근 과실주를 좀 보낼게요. 그리고 시간이 되면 다 같이 서울로 찾아뵙겠습니다. 그럼 건강하세요.

＊차차(次第に) 뒤처지다(〈実力が人より〉遅れる)

(1) 위의 ①~⑦에 다음에서 알맞은 문형을 골라 써넣으십시오.

−다가는	−다(가) 보면	−다 보니까	−(으)ㄹ까 봐(서)

(2) 현재 글쓴이가 걱정하고 있는 것을 전부 고르십시오.
　　① 남편의 건강이 안 좋아지는 것
　　② 돈을 많이 못 버는 것
　　③ 아이가 학교 공부를 안 하는 것
　　④ 아들이 경쟁 없는 학교생활을 하는 것

(3) 다음 단어들의 반대말을 위의 글에서 찾아 쓰십시오.
　　① 지출 ↔ (　　　　) 　　② 앞서다 ↔ (　　　　)
　　③ 초심자 ↔ (　　　　) 　　④ 걱정이 많고 불안하다 ↔ (　　　　)

제14과 한글

☞ <i>Key Point</i>
· -아/어 내다
· -(으)ㄹ 따름이다
· -(으)ㄴ/는/(으)ㄹ 듯하다

1. (보기)와 같이 설명에 어울리는 간판을 고르십시오.

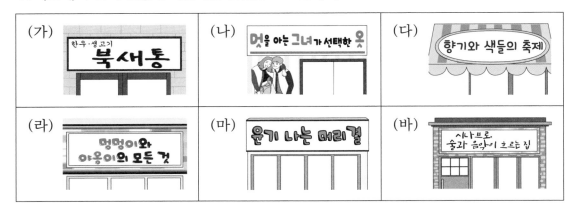

(보기) 가족끼리 식사로 고기를 먹고 싶을 때 가면 좋다. (가)

(1) 머리를 자르거나 손질하고 싶을 때 가는 곳이다. (　　)

(2) 반려동물을 위한 사료, 간식 그리고 관련 용품을 판다. (　　)

(3) 디자이너들이 직접 만들거나 고른 의류를 파는 곳이다. (　　)

(4) 이곳에 가면 천천히 음악을 들으며 술을 즐길 수 있다. (　　)

(5) 계절에 관계없이 다양한 꽃을 파는 가게다. (　　)

2. (보기)와 같이 자음을 참고하여 설명에 맞는 단어를 쓰십시오.

(보기) 말을 글로 표현할 때 이것을 이용해서 쓴다. ⇨ 문자

(1) 불교, 기독교, 힌두교 등을 가리키는 말이다. ⇨ ㅈㄱ

(2) 어떤 일을 처음 경험해서 아직 서툰 사람을 말한다. ⇨ ㅊㅂㅈ

(3) 법을 만드는 사람들로 국민들이 선거를 통해 뽑는다. ⇨ ㄱㅎㅇㅇ

(4) 주로 비가 오기 전에 하늘에 생기는 검은 구름이다. ⇨ ㅁㄱㄹ

(5) 누구나 응모할 수 있도록 공개적으로 모집하는 것이다. ⇨ ㄱㅁ

(6) 빠른 손놀림이나 여러 장치를 써서 보는 사람들의 눈을
속이는 기술이다. *손놀림(手使い) ⇨ ㅁㅅ

(7) 사건을 수사하거나 범인을 체포하는 사람으로 주로 사
복을 입고 일한다. ⇨ ㅎㅅ

3. 다음 밑줄 친 부분과 반대되는 의미를 골라 알맞은 형태로 써넣으십시오.

| 낭비 | 진실 | 순우리말 | 약하다 | 틀리다 | 유능하다 | 무너지다 |

(보기) 신도시 개발을 반대하는 의견이 처음에는 거셌지만 시간이 지남에 따라
　　　점점 약해졌다.

(1) 그 사건의 거짓이 아닌 ＿＿＿＿＿을 알고 싶습니다.

(2) 인생에서 완전히 올바른 삶이나 ＿＿＿＿＿ 삶은 없다.

(3) 그 건물은 진도 7의 지진을 견디지 못하고 ＿＿＿＿＿ 말았다.

(4) 최근에는 외국에서 들어온 외래어보다 ＿＿＿＿＿을 쓰는 간판이 늘었다.

(5) ＿＿＿＿＿고 정직하지 않은 사람보다 차라리 능력이 없어도 정직한 사람이
　　　낫다.

(6) 돈을 아껴 쓰는 것을 절약이라고 하고 불필요한 것에 많은 돈을 쓰는 것을
　　　＿＿＿＿＿라고 한다.

4. (보기)와 같이 아래에서 알맞은 단어를 골라 문장을 완성하십시오.

| 다스리다 | 채용하다 | 미치다 | 구출하다 | 정복하다 | 다지다 | 알아맞히다 |

(보기) 세종은 나라를 풍요롭게 다스렸을 뿐만 아니라 업적이 많아 '대왕'이라는
　　　말로 높여 부릅니다.

(1) 저희 회사에서는 유능한 인재를 ＿＿＿＿＿ 위해서 신입사원을 공모합니다.

(2) 미국에 처음 왔을 때 생활 기반을 ＿＿＿＿＿가 아주 힘들었습니다.

(3) 한글은 조선 후기에 서민문학이 꽃을 피우는 데에 큰 영향을 ＿＿＿＿＿

(4) 19세기에 나폴레옹은 유럽을 ＿＿＿＿＿려는 꿈을 꾸었지만 결국 실패했다.

(5) 친구들에게 수수께끼 문제를 냈지만 아무도 답을 ＿＿＿＿＿ 못했다.

＊수수께끼(なぞなぞ)

(6) 하수도에 빠진 아기 고양이를 ＿＿＿＿＿려고 119구조 대원이 출동했다.

＊하수도(下水道)　구조대원(救助隊員)

5. 다음 그림을 보고 「-아/어 내다」를 사용해서 문장을 완성하십시오.

(보기)	나는 네가 아무리 어렵고 힘든 일이라도 잘 <u>해낼</u> 줄 알았어. 합격을 정말 축하해!
(1)	큰 화재가 난 건물에서 소방관이 목숨을 걸고 아이를 ----------------
(2)	그 피겨 선수는 매일 힘들고 외로운 훈련을 꾸준히 하더니 결국 올림픽에서 메달을 ----------------
(3)	세종은 10년이 넘는 세월을 연구하고 노력해서 누구나 쉽게 익힐 수 있는 고유의 문자를 ----------------
(4)	우리 할아버지께서는 고통스러운 항암 치료를 잘 ---------------- 지금은 아주 건강하세요.

6. (보기)와 같이 「-(으)ㄹ 따름이다」를 사용해서 알맞게 써넣으십시오.

놀랍다	부럽다	죄송하다	하다	위대하다

(보기) 가: 어떻게 저런 높은 점프를 할 수 있는지 그저 <u>놀라울 따름입니다</u>.
　　　 나: 분명 엄청난 노력을 했을 겁니다.

(1) 가: 정말 감사드립니다. 소방관님이 아니었으면 큰일 날 뻔했어요.
　　　 나: 소방관으로서 당연히 해야 할 일을 --------------------------------

(2) 가: 댁의 아이가 우리 집 창문을 깼어요.
　　　 나: 정말 --------------------------. 바로 변상해 드리겠습니다. ＊변상하다(弁償する)

(3) 가: 저는 미켈란젤로의 그림을 볼 때마다 감동을 받아요.
　　　 나: 저도 그래요. 미켈란젤로의 그림들은 정말 --------------------------

(4) 가: 우리 동네는 주민들이 무료로 이용할 수 있는 수영장이랑 골프 연습장이 있어서 너무 좋아요.
　　　 나: 우리집 근처는 그런 곳이 없는데…. 그저 --------------------------

7. 다음 대화를 「-아/어 내다」, 「-(으)ㄹ 따름이다」를 사용해서 완성하십시오.

> 하다 - 다하다   개발하다 - 감사하다
> 놀랍다 - 살리다   이루다 - 시작이다   막다 - 부끄럽다

(1) 가: 부상에도 불구하고 경기를 끝까지 _____ 셨네요. 정말 대단하세요.

　　 나: 별말씀을요. 저는 단지 최선을 _____

(2) 가: 뉴스 보셨죠? 총알을 세 발이나 맞은 사람을 살리다니 정말 _____

　　 나: 아, 그 군인을 _____ 외과 의사 말씀이시지요? 정말 훌륭한 의사

　　　　지요. *총알 세 발(銃弾三発)

(3) 가: 운재 씨가 상대 팀의 공을 잘 _____ 기 때문에 우리가 승리했죠.

　　 나: 그렇게 칭찬하시니 _____

(4) 가: 올해 최고의 가수로 뽑히셨습니다. 마침내 꿈을 _____

　　 나: 이제 _____. 앞으로 더욱 노력하겠습니다.

(5) 가: 지금부터 사장님의 말씀이 있겠습니다.

　　 나: 우리 연구자들이 밤낮으로 노력한 덕분에 드디어 암을 고치는 신약을

　　　　_____. 여러분의 노고에 _____ *노고(苦労)

8. 「동사 + -(으)ㄴ/는/(으)ㄹ 듯하다」를 사용해서 문장을 완성하십시오.

> (보기) 딸 방에 불이 켜져 있는 걸 보니 애가 아직 안 자는 듯해요.

(1) 집을 짓기 시작한 지 일 년쯤 됐으니까 다음 달쯤에는 다 _____

(2) 친했던 저 두 사람이 오늘 한마디도 안 하네. 아무래도 _____

(3) 지혜한테 전화를 했는데 없는 번호래요. 아무래도 _____

(4) 상희 씨는 요즘 외국어 학원에 _____ 뭘 배우는지 모르겠어요.

(5) 아들이 입시가 코앞인데 공부는 안 하고 매일 _____ 걱정이에요.

*코앞(目の前)

9. 「형용사 + -(으)ㄴ/(으)ㄹ 듯하다」를 사용해서 문장을 완성하십시오.

> (보기) 내가 보기에 그 사람은 정직한 듯한데 왜 그렇게 못 믿어요?

(1) 지금 네가 입은 옷은 좀 _____ 한 치수 큰 건 어때?

(2) 산에 가면 꽤 _____ 따뜻한 스웨터를 준비하는 게 어때요?

(3) 이 요리는 마늘을 넣으면 더 _____ 한번 넣어 봤어요.

(4) 내가 써 보니까 이 제품이 가장 _____ 너도 한번 써 볼래?

(5) 신입사원이 쓴 보고서인데 훌륭하네요. 그 사원은 굉장히 _____

10. (보기)와 같이 「–(으)ㄴ/는/(으)ㄹ 듯하다」를 사용하여 문장을 완성하십시오.

> (보기) 오후에 비가 오다　•　　•　신입사원으로 뽑다
>
> (1) 손님이 바지를 구입하다　•　　•　우산을 챙겨 외출하다
>
> (2) 매일 열심히 공부하다　•　　•　이상하게 성적은 안 오르다
>
> (3) 성실하고 능력이 있다　•　　•　들어갔는데 노래방이다
>
> (4) 닭갈비는 빨개서 맵다　•　　•　먹어 봤더니 의외로 맵지 않다
>
> (5) 간판을 보고 술집이다　•　　•　아무것도 안 사고 그냥 나가다

(보기) 오후에 비가 올 듯해서 우산을 챙겨 외출했다.

(1) --

(2) --

(3) --

(4) --

(5) --

11. 다음은 여러 가지 추측표현을 사용한 문장들입니다. 틀린 문장을 고르십시오.

(1) ① 내 생각에 그 사람은 초보 운전자인 듯해요.

　　② 나는 올 2월에 졸업한 후에 취직할 모양이에요.

　　③ 하늘에 먹구름이 낀 걸 보니 비가 오려나 봐요.

　　④ 제가 보기에 어머니께서 백화점에 갔다 오신 것 같아요.

(2) ① 저 사람은 사람들 앞에서 얼굴이 빨개진 걸 보니 쑥스러운가 봐요.

　　② 그 사람은 가지고 있는 물건이 다 비싸던데 돈을 많이 버는 모양이야.

　　③ 세종대왕의 가장 위대한 업적은 한글 창제인 것 같아요.

　　④ 왠지 위층에 사는 사람이 개를 키우나 봐요.

12. 다음의 대화를 「-(으)ㄴ/는/(으)ㄹ 듯하다」, 「-아/어 내다」, 「-(으)ㄹ 따름이다」 중에서 알맞은 것을 사용하여 완성하십시오.

(1) 가: 어떻게 이렇게 짧은 기간에 많은 발명품을 ＿＿＿＿＿＿＿ 수 있으셨어요?

　　나: 다 주위에서 도와주신 분들 덕분이지요.

(2) 가: 세상에! 윤기태 국회의원이 경찰에 체포됐다는데 이유가 뭐예요?

　　나: 저도 인터넷에서 봤는데 아마 기업한테서 뇌물을 ＿＿＿＿＿＿＿＿＿

(3) 가: 윤 과장, 이번에 미국하고 계약이 잘됐다면서? 정말 수고했어.

　　나: 부장님께서 가르쳐 주신 대로 ＿＿＿＿＿＿＿＿＿

(4) 가: 우리나라 야구팀이 승리해서 얼마나 기쁜지 모르겠어요.

　　나: 9회 말에 상대 팀의 공격을 ＿＿＿＿＿＿＿ 승리할 수 있었던 것 같아요.

(5) 가: 파를 넣기 전에 감자가 다 익었는지 확인해 보세요.

　　나: 감자가 다 ＿＿＿＿＿＿＿＿＿ 이제 파를 넣을까요?

13. 다음 중 알맞은 단어와 문형을 골라 문장을 완성하십시오.

①~⑥:	고유	서문	외래어	표기	정감	반포
(가)~(나):	-아/어 내다		-(으)ㄹ 따름이다			

　　오늘은 10월 9일, 한글날을 맞아 조선왕조 네 번째 왕이었던 세종대왕에 대해서 이야기해 보겠습니다. 세종대왕은 늘 우리만의 문자가 없어 자신의 생각을 글로 ① ＿＿＿ 하고 읽을 수 없었던 백성들을 안타깝게 여겼습니다. 그래서 무려 10여 년에 걸친 연구를 통해 우리 ② ＿＿＿ 의 문자인 한글을 (가) (만들다) ＿＿＿＿＿＿＿. 양반들의 거센 반대에도 불구하고 1446년, 마침내 세종대왕은 세상에 한글을 ③ ＿＿＿ 하였습니다. 여러분도 잘 아시다시피 훈민정음의 ④ ＿＿＿ 에는 '모든 사람이 쉽게 익혀서 날마다 쓰는 데 편안하게 (나) (하다) ＿＿＿＿＿＿＿.'라고 쓰여 있습니다. 그러한 세종대왕의 바람대로 누구나 쉽게 익힐 수 있는 한글 덕분에 오늘날 대한민국에는 글을 모르는 사람을 찾아볼 수 없습니다. 그러나 요즘 길을 걷다 보면 거리 곳곳에 의미를 알 수 없는 ⑤ ＿＿＿ 간판이 넘치는 것을 볼 수 있습니다. 정말 안타깝습니다. 어떻게 하면 아름답고 ⑥ ＿＿＿ 이 넘치는 우리말을 후손들에게 잘 물려줄 수 있을지 다시 한번 생각해 봐야 하겠습니다.

＊후손(後の世代)　물려주다(伝える)

제15과 뇌의 신비

🎵 Key Point
· -(으)므로
· -기/게 마련이다
· -(으)ㄹ 텐데
· -았/었으면 -았/었을 텐데(요)

1. 다음의 「-的」이 들어가는 단어를 한국어로 쓰십시오.

(1) 肯定的	(4) 否定的 ....
(2) 論理的	(5) 楽天的 ....
(3) 分析的	(6) 魅力的 ....

2. 다음에서 알맞은 단어를 골라 써넣으십시오.

어휘력	공통점	중년	비법	수용성	기억력	방화범

(1) 희경 씨가 만든 불고기 양념이 너무 맛있네요. (   ) 좀 가르쳐 주세요.

(2) 이번 선거에서는 40~50대의 (   )들의 투표율이 가장 높았다.

(3) 비타민C는 물에 잘 녹는 (   )이라서 몸속에 축적되지 않는다.

(4) 우리는 성격이나 취향에 (   )이 많아 금방 친한 친구가 되었다.

(5) 글을 잘 쓰기 위해서는 풍부한 (   )을 갖추는 것이 중요하다.

(6) 이 책에는 수험생들의 (   )을 높일 수 있는 방법이 적혀 있대요.

(7) 경찰은 불을 지른 (   )이 누구인지 알아냈다고 밝혔다.

*불을 지르다(火事を起こす)

3. 밑줄 친 표현과 바꿔 쓸 수 있는 부사를 골라 보십시오.

진작에	당장	과연	꾸준히	도저히

(1) 선생님은 <u>역시</u> 역사 전문가답게 쉽고 자세하게 가르쳐 주셨어요. (   )

(2) 매일 조금씩 <u>계속</u> 공부하면 언젠가는 한국어를 잘하게 될 거야. (   )

(3) 방학 숙제를 <u>미리</u> 했더라면 이렇게 밤을 새우지도 않았을 텐데…. (   )

(4) 피아노를 잘 치고 싶은데 <u>아무리 해도</u> 실력이 나아지지 않아요. (   )

(5) 나는 엄마가 구급차에 실려 갔다는 연락을 받고 <u>바로</u> 병원으로 갔다. (   )

4. 다음 밑줄 친 단어와 바꿔 쓸 수 있는 것을 고르십시오.

(1) 독감에 걸리고 나서 기력이 많이 <u>떨어졌어요</u>. •　　•　㉠ 변경되다

(2) 이 옷감은 가볍고 따뜻해서 겨울용으로 <u>딱 좋아요</u>. •　　•　㉡ 쇠퇴하다

(3) 우편물은 여기 <u>바뀐</u> 주소로 보내 주시겠어요? •　　•　㉢ 사고하다

(4) 이 수학 문제는 논리적으로 <u>생각하는</u> 능력이
필요해요.　　　　　　　　　　　　　　•　　•　㉣ 삼가다

(5) 건강을 위해서 과음은 <u>피하도록</u> 하세요. •　　•　㉤ 적합하다

(6) 그녀는 어떤 일이든 <u>지혜롭게</u> 대처할 줄 아는 •　　•　㉥ 현명하다
사람이다.　　　　　　　　　　　　　　　　 *대처하다(対処する)

5. 알맞은 부사를 골라 대화를 완성하십시오. (복수 사용 가능)

제대로	모처럼	억지로	조만간	괜히	어쩌다가	하나도

(1) 가: 퇴근길에 배가 고파서 (　　　　　) 들어간 식당이었는데 아주 유명한
곳이더라고요.

나: 그 집은 요리를 (　　　　　) 하는 곳이에요. 운이 좋았네요.

(2) 가: (　　　　　) 시내에 나온 김에 식사라도 같이 할래요?

나: 미안해요. 이따가 약속이 있어서요. (　　　　　) 다시 만나서 그때
식사해요.

(3) 가: 배가 부르면 (　　　　　) 먹지 말고 남기세요.

나: (　　　　　) 2인분 시켰나 봐요. 양이 이렇게 많을 줄 몰랐어요.

(4) 가: 아드님이 고1이면 (　　　　　) 대학교 입시 학원도 보내야겠네요.

나: 그래야 되는데, 저는 학원을 (　　　　　) 보내기보다는 본인이 원하면
보내려고요.

(5) 가: (　　　　　) 여행 왔는데 날씨가 안 좋아서 속상하지?

나: 아니, (　　　　　) 속상하지 않아. 오래간만에 너희들하고 시간을 보낼
수 있는 것만으로도 행복해.

6. 오른쪽의 구어체 표현을 참고하여 「–(으)므로」를 사용해 문장체로 써 봅시다.

문장체 (書き言葉)	구어체 (話し言葉)
(보기) 내일은 미세먼지가 심<u>하므로</u> 외출을 삼가는 것이 좋겠습니다.	내일은 미세먼지가 심하니까 외출을 삼가는 게 좋대요.
(1) ○○병원 ---------- ---------- 오늘 진료는 쉽니다.	담당 의사가 부재중이라서 오늘은 진료를 쉰다고 하네요.
(2) 이 약은 13세 미만의 ---------- 먹이지 마십시오.	이 약은 어린이가 먹으면 위험하니까 먹이지 말라고 쓰여 있어요.
(3) ---------- ---------- 주의하십시오.	물 묻은 손으로 만지면 감전될 수 있으니까 조심하래요. *감전되다(感電する)
(4) 게시판 ---------- ---------- 주민 여러분께 알려 드립니다.	투표 시간과 장소가 정해졌대요.

7. 다음을 「–기/게 마련이다」를 사용하여 문장을 완성하십시오.

(1) 아무리 맛있는 음식도 매일 먹으면 ----------------------

(2) 아무리 친한 사람이라도 연락을 안 하면 마음도 ----------------------

(3) 시간이 지나 세대가 바뀌면 사고방식도 ----------------------

(4) 아이들은 피곤하면 잘 ---------------------- 억지로 재우지 마세요.

(5) 저렇게 인물 좋고 성격 좋은 사람은 모두에게 ----------------------

8. 다음 그림을 참고하여 「-(으)ㄹ 텐데」를 사용해 문장을 만드십시오.

(1)

P HOTEL HOTEL

호텔을 예약할 수 있을까? 유원지에 주차하기도 힘들 것 같아.

(보기) 휴가철에는 호텔을 예약하기 힘들텐데.

① 유원지는 사람들이 엄청 ──────

② 주차장에 ──────────

③ 고속도로는 많이 ──────────

(2)

밤에 잠도 제대로 못 자지? 음식할 시간도 없을 거야.

① 반찬 만들 시간도 ────── 이거 냉장고에 넣어 두고 먹어.

② 아기 보느라고 ────── 남편은 많이 도와줘?

③ 밤에 잠도 ────── 아기가 잘 때 같이 자 둬.

(3)

복사 용지는 다 썼을 거예요.

회의가 끝났을 거예요.

손님이 찾아올 거예요.

① 1시쯤에 거래처에서 ────── 그분한테 이 서류 좀 전해 주세요.

② ────── 확인해 보고 없으면 주문해 놓을래요?

③ 지금쯤 ────── 테이블 하고 의자 좀 정리해 주세요.

(4)

○○역

① 밥솥에 ────── 짜장면이라 도 시켜 먹을래?

② 안방 창문이 ────── 괜찮 을까? 네가 좀 닫아 줄래?

③ 아빠가 우산을 ────── 혹시 아빠한테 전화 오면 전철역으 로 마중 좀 나가라.

9. (보기)와 같이 「-았/었으면 -았/었을 텐데」를 사용하여 써 보십시오.

(보기) 호텔에 전화했는데 다음 주는 연휴가 끼어서 빈방이 없었다. ↓ '좀 더 빨리 예약했으면 방이 있었을 텐데.'	(1) 시내에 차를 가지고 나갔는데 주차할 곳을 찾느라고 한참을 헤맸다. ↓ '_____'
(2) 오늘 좀 피곤해서 커피를 다섯 잔이나 마셨다. 그래서 그런지 새벽 세 시까지 잠들지 못 했다. ↓ '_____'	(3) 오늘 날씨가 좋아서 남자 친구랑 데이트를 했는데 하이힐을 신고 나갔다가 발이 아파서 죽는 줄 알았다. ↓ '_____'
(4) 아이 운동회에 갔는데 햇볕이 강해서 무지 더웠다. 자외선 차단제를 챙겨 가지 않아서 얼굴이 많이 탔다.　　*무지(すごく) ↓ '_____'	(5) 친구가 지난달에 신제품으로 나온 컴퓨터를 정가를 주고 비싸게 샀다. 그런데 그 컴퓨터가 일주일 후부터 할인에 들어갔다. ↓　　*정가(定価) 친구는 '_____'라고 후회했다.
(6) 엄마는 볼일이 있어서 시내에 나갔다가 시간이 남아서 백화점에 들렀다. 계획에 없던 비싼 코트를 사 와서는 지금 후회하고 있다. ↓ 엄마는 '_____'라고 후회했다.	(7) 우리 집은 아파트 15층에 있다. 어제는 밤 12시부터 새벽 4시까지 엘리베이터 운행이 중지되었었다. 나는 회식 때문에 12시 넘어서 돌아오는 바람에 15층까지 걸어서 올라갔다. ↓ '_____'

10. 다음 글을 읽고 질문에 답하십시오.

어제도 남편과 다퉜다. 나는 여느 때와 마찬가지로 친구를 만나 성격이 다른 우리 부부 이야기로 수다를 한참 떨었다. 내 이야기를 듣고 있던 친구는 "성격이 다른 두 사람이 함께 살다 보면 자주 ① (다투다) ＿＿＿＿＿＿＿＿지. 이거 한번 읽어 봐. 도움이 될 거야."라며 책 한 권을 나에게 주었다. 집에 돌아온 나는 그 책을 읽어 보았다. '아무리 부부라고 해도 결혼하기 전까지 각자가 완전히 다른 환경에서 ② (살아 오다) ＿＿＿＿＿＿＿ 가치관, 성격, 그리고 감정의 표현 방식이 서로 다를 수 밖에 없다'는 내용에 공감했다. 나는 고민이 있으면 가족이나 친구와 상의하는데 남편은 나와 달리 어떤 고민이 있으면 (㉠). 고민을 혼자서 해결하려고 하면 외롭고 ③ (힘들다) ＿＿＿＿＿＿＿＿＿ 나에게 잘 이야기하지 않기 때문에 남편에게 섭섭한 적이 많았다. 그래서 남편에게 뭐든 혼자서 해결하려고 하지 말고 함께 문제를 풀자고 몇 번이나 말했지만 번번이 싸움이 될 뿐이었다. 나중에는 '내가 조금만 더 ④ (참다/좋다) ＿＿＿＿＿＿＿＿＿＿'라며 후회하기도 했다.

　이 책을 통해서 상대방을 자신이 원하는 모습대로 바꾸려고 하거나 평가해서는 안 되고, 상대방의 있는 그대로를 (㉡) 한다는 것을 깨달았다.

---

*여느 때(いつもの時)　번번이(そのつど)

(1) ①~④에 다음 문형을 사용하여 알맞게 써넣으십시오.

–(으)므로　　　–기/게 마련이다　　　–(으)ㄹ텐데　　　–았/었으면 –았/었을 텐데

---

(2) ㉠에 들어갈 알맞은 표현을 고르십시오.
　　① 나에게 다 털어놓고 조언을 구한다.
　　② 말수가 적어지고 혼자 있기를 원한다.
　　③ 전문가를 만나서 상담하기를 좋아한다.

(3) ㉡에 들어갈 알맞은 단어를 고르십시오.
　　① 받아들여야　　② 본받아야　　③ 사고해야　　④ 적합해야

제16과 우리의 지도자

Key Point
· –고자
· –기는커녕, –은/는커녕
· –기(를) 바라다

1. (보기)와 같이 공통된 한자를 참고하여 한글로 쓰십시오.

| (보기) 大統領 : 대통령 | 統一 : 통일 | 統治 : 통치 |

(1) 演説 : _____   説得 : _____   説明 : _____

(2) 在任 : _____   任期 : _____   任命 : _____

(3) 政策 : _____   政府 : _____   政治 : _____

(4) 当選 : _____   選挙 : _____   選出 : _____

(5) 憲法 : _____   合法化 : _____   不法 : _____

(6) 改善 : _____   改定 : _____   改革 : _____

2. (보기)와 같이 다음에서 알맞은 단어를 골라 문장을 완성하십시오.

| 착륙   환경 개선   점검   대표   노숙자   동성   의료혜택   보육 시설 |

(보기) 서울시장은 노동자의 근무 환경 개선에 힘쓰겠다고 밝혔다.

(1) 경기가 나빠지면서 직장을 잃고 거리에서 생활하는 _____ 가 늘었다.

(2) 승객 여러분, 이 비행기는 곧 나리타 공항에 _____ 하겠습니다.

(3) 이 상품은 보험료가 저렴한데도 불구하고 받을 수 있는 _____ 이 많다.

(4) 화재가 일어나기 쉬운 겨울철에는 소방시설의 철저한 _____ 이 중요하다.

(5) 우리 지역을 _____ 하는 국회의원으로 김준수 씨가 뽑혔습니다.

(6) 이성 간의 결혼은 당연하게 여기지만 _____ 간의 결혼은 반대하는 사람들이 많다.

(7) 맞벌이 부부가 아이들을 맡길 수 있는 _____ 이 부족한 편이다.

*맞벌이(共働き夫婦)

3. 다음은 한국의 대통령 선거 과정입니다. 알맞은 것을 골라 빈칸에 써넣으십시오.

선거 운동을 시작하다   임기가 보장되다   등록을 하다   공약을 발표하다   대통령으로 당선되다   후보를 찍다

　대한민국은 대통령제입니다. 5년에 한 번 대통령 선거가 있으며 대통령이 되고자 하는 사람은 선거일 24일 전까지 후보자 (보기) 등록을 해야 합니다. 후보 등록이 끝나면 본격적인 ① ＿＿＿＿＿＿＿＿＿＿. 이때 대중 앞에서 연설을 합니다. 주로 '내가 대통령이 된다면 국민들을 위해서 이러한 것들을 하겠다'고 ② ＿＿＿＿＿＿고, 자신에게 표를 달라고 호소합니다. 후보자들은 의료혜택, 노후복지, 어린이 보육 시설 등 많은 것들을 약속합니다. 국민은 누가 지도자로서 좋을지 공약들을 잘 비교해 본 후 투표 날에 마음에 드는 ③ ＿＿＿＿＿＿. 표를 가장 많이 받은 후보자가 ④ ＿＿＿＿＿＿. 당선인은 대통령 관저인 청와대로 주거지를 옮기고 5년간의 ⑤ ＿＿＿＿＿＿

＊호소하다(呼びかける)　청와대(靑瓦台)　주거지(居住地)

4. (보기)와 같이 「다」와 「그만」 중에서 알맞은 것을 골라 문장을 완성하십시오.

(보기)	(1)
내가 복권에 당첨되다니 어떻게 이런 일이 다 있지? 나도 모르게 그만 '꺅'하고 소리를 질렀어.	실수로 ＿＿＿＿ 파일을 다 지워버렸어. 논문을 다시 써야 되는데 오늘 잠은 ＿＿＿ 잤다.
(2)	(3)
게임은 ＿＿＿＿ 하고 어서 와서 밥 먹어. 저녁 준비 ＿＿＿ 됐다.	이제 ＿＿＿ 집에 갑시다. 밤 12시가 ＿＿＿ 됐어요.
(4)	(5)
정상에 ＿＿＿ 와 가니까 조금만 더 힘을 내자. 근데 경치가 아주 ＿＿＿ 이네.	어떻게 저런 묘기를 ＿＿＿ 할 수 있을까? 신기해서 보느라 ＿＿＿ 넘어질 뻔했어. ＊묘기(妙技)

5. (보기)와 같이 「-고자 (하다)」로 바꿀 수 있는 부분에 밑줄을 긋고 쓰십시오.

(보기) 저는 노동자들의 권리를 <u>보호하려고</u> 변호사가 되었습니다.

→ (보호하고자)

(1) 건강한 체질로 바꾸고 싶어서 채소 중심으로 식단을 새로 짜 봤습니다.

→ (   )

(2) 나는 군대에 입대할 생각으로 대학교 2학년 때 학교를 휴학했다.

→ (   )

(3) 이번 선거 때 자원봉사를 할 마음이 있는 사람은 어서 신청하십시오.

→ (   )

(4) 이번 3학년 심리학 수업에서는 '프로이트'에 대해서 다룰 계획입니다.

→ (   )

(5) 급한 일로 출장을 가게 돼서 이번 회의는 다음 주로 미룰 생각입니다.

→ (   )

6. (보기)와 같이 「-고자 하다」를 사용해서 대답해 보십시오.

(보기) 가: 취직을 하고 싶어하는 주부들이 느끼는 가장 큰 문제는 무엇일까요?

나: <u>취직을 하고자 해도</u> 아이를 맡길 보육 시설이 부족한 게 문제지요.

(1) 가: 유기농 채소가 예상보다 판매가 안 되는 이유는 무엇이라고 생각합니까?

나: 일반 서민들이 _____ 가격대가 높아서 부담을 느끼는 것 같습니다.

(2) 가: 쾌적한 실내 공기를 위해서 교실에 공기청정기를 _____

나: 공기청정기를 설치하면 학생들의 건강에 도움이 될 것 같습니다.

(3) 가: 어릴 적 꿈은 과학자였다고 하셨는데 화가가 되셨네요.

나: 네, 처음에는 과학자가 _____ 나중에 생각이 바뀌었습니다.

(4) 가: 지원 씨는 이번 콘서트의 수익금 전액을 홍수 피해 지역에 기부하셨죠?

나: 네, 어려움을 겪고 계신 분들께 조금이나마 _____

*전액(全額) 기부하다(寄付する)

7. (보기)와 같이 「-은/는커녕」을 사용해서 대화를 완성하십시오.

> (보기) 가: 산에 간다고 하시더니 등산은 즐거우셨어요?
> 나: 갑자기 급한 일이 생겨서 <u>등산은커녕</u> 산책도 못 했어요.

(1) 가: 이번엔 지난 시험보다 점수가 더 올랐네? 선생님께 칭찬받았겠다.
　　나: 아니야, _____ 쉬운 문제를 틀렸다고 혼나기만 했어.
(2) 가: 외국은 어느 나라에 가 보셨어요?
　　나: _____ 우리나라에 있는 제주도도 가 본 적이 없어요.
(3) 가: 형, 그저께가 어버이날이었잖아. 부모님께 선물은 보냈어?
　　나: 어버이날이었구나. _____ 전화도 못 했네.
(4) 가: 재희 씨 딸이 영어를 잘한다면서요?
　　나: 무슨 말씀을. 아직 네 살인데 _____ 한국어도 제대로 못해요.
(5) 가: 새로 개장한 놀이공원에서 롤러코스터를 타 보셨어요? *개장하다(新設する)
　　나: 저는 겁이 많아서 _____ 회전목마도 잘 못 타요.
　　　　　　　　　　　　　　　　　　　　　　　　　　＊회전목마(メリーゴーランド)

8. (보기)와 같이 「-기는커녕」을 사용해서 대화를 완성하십시오.

> (보기) 가: 올해는 뷔페에서 송년회를 했다면서요? 맛있는 건 많이 드셨어요?
> 나: <u>많이 먹기는커녕</u> 사회 보느라 앉을 시간도 없었어요.

(1) 가: 영어 회화 실력은 많이 늘었어요?
　　나: _____ 배운 거라도 안 잊어버리면 다행이지요.
(2) 가: 일기예보를 보니까 오늘 서울은 따뜻하다고 하던데 어땠어?
　　나: _____ 엄청 추웠어. 요즘 일기예보는 믿을 수가 없어.
(3) 가: 이제 그 회사에서 근무한 지 5년 정도 됐지? 승진도 했겠네?
　　나: 어휴, 고모부, _____ 월급도 오른 적이 없어요.
(4) 가: 올해 MVP가 된 최경원 선수는 어렸을 때부터 많이 주목받았겠어요.
　　나: 아니에요. 어렸을 때는 _____ 몸이 작아서 눈에 띄지도 않았어요.
(5) 가: 이번 연휴 때는 잘 쉬셨어요?
　　나: _____ 외국에서 친척이 놀러 와서 여기저기 안내하느라 정신이 하나도 없었어요.
(6) 가: 우리 딸이 요즘 용돈 올려 달라는 말도 안 하고, 돈을 아껴 쓰는 것 같아.
　　나: 당신이 몰라서 그래. _____ 용돈을 주면 일주일도 못 가.
　　　　　　　　　　　　　　　　　　　　　　　　　　＊아끼다(節約する)

9. (보기)와 같이 「-기(를) 바라다」를 사용해 문장을 완성하십시오.

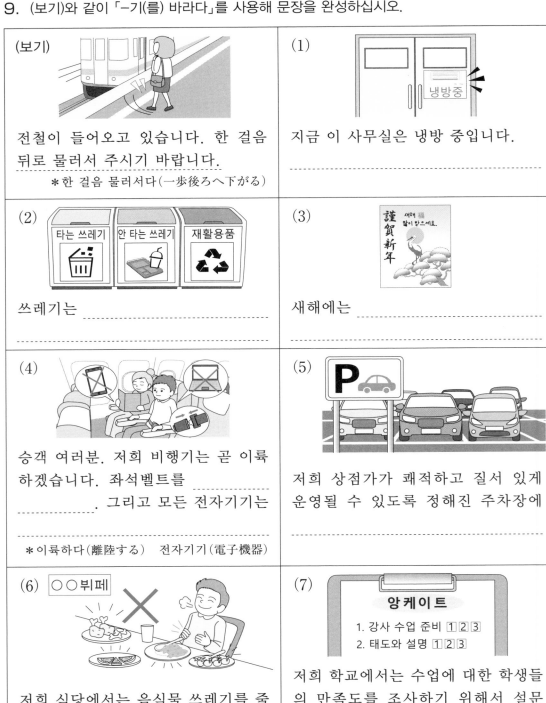

(보기)

전철이 들어오고 있습니다. 한 걸음 뒤로 물러서 주시기 바랍니다.

＊한 걸음 물러서다(一歩後ろへ下がる)

(1)

지금 이 사무실은 냉방 중입니다.

----

(2)

타는 쓰레기　안 타는 쓰레기　재활용품

쓰레기는

----

(3)

謹賀新年

새해에는

----

(4)

승객 여러분. 저희 비행기는 곧 이륙하겠습니다. 좌석벨트를

------------------------. 그리고 모든 전자기기는

＊이륙하다(離陸する)　전자기기(電子機器)

(5)

저희 상점가가 쾌적하고 질서 있게 운영될 수 있도록 정해진 주차장에

----

(6) ○○뷔페

저희 식당에서는 음식물 쓰레기를 줄이기 위해서 노력하고 있습니다. 손님 여러분께서는

----

(7)

앙케이트
1. 강사 수업 준비 ①②③
2. 태도와 설명 ①②③

저희 학교에서는 수업에 대한 학생들의 만족도를 조사하기 위해서 설문조사를 실시 중입니다. 바쁘시더라도 더 나은 수업을 위하여

----

10. 다음 글을 읽고 물음에 답하십시오.

존경하는 도민 여러분. 저는 이번 경기도지사 선거에 출마한 문주영입니다. 우리 경기도를 좀 더 살기 좋은 도시로 (가) (만들다) 이렇게 나왔습니다. 지금의 도지사는 재래시장을 활성화시키고 복지 제도가 잘된 도시로 만들겠다고 ① ＿＿＿＿＿ 했었습니다. 그러나 (나) (활성화) 우리의 재래시장은 활기를 잃고 죽어 가고 있으며, 도민들은 높은 ② 의료 ＿＿＿＿＿ 에 비해 ③ ＿＿＿＿＿ 은 제대로 못 받고 있습니다. 여성들의 일자리는 또 어떻습니까? 주부들이 일을 하고자 하는 마음이 있어도 아이들을 맡길 ④ ＿＿＿＿＿ 이 부족해서 일을 할 수가 없습니다. 그리고 지금의 ⑤ ＿＿＿＿＿ 은 가난한 노인들을 돌보지 못하고 있습니다. 이제 우리는 더 나은 삶을 위해서 새로운 도지사를 뽑아야 합니다. 제가 하겠습니다. 돈이 없어서 병원에 못 가는 사람, 어린이집이 없어서 일을 못 하는 사람이 없도록 하겠습니다. 노인 복지에도 더욱 힘쓰겠습니다. 여러분, 이번 ⑥ ＿＿＿＿＿ 에서는 반드시 저 문주영을 (다) (찍어 주다). 여러분의 표에 반드시 ⑦ ＿＿＿＿＿ 하겠습니다.

＊도지사(道知事)　출마하다(出馬する)

(1) 윗글의 ①~⑦에 알맞은 단어를 골라 넣어 문장을 완성하십시오.

| 보험료 | 혜택 | 공약 | 선거 | 보답 | 어린이집 | 노후 복지 정책 |

(2) 윗글 (가), (나), (다)에 주어진 단어를 알맞은 문형으로 바꿔 써넣으십시오.

| −은/는커녕 | −기 바라다 | −고자 (하다) |

(가) → ＿＿＿＿＿＿＿＿＿＿　　(나) → ＿＿＿＿＿＿＿＿＿＿

(다) → ＿＿＿＿＿＿＿＿＿＿

(3) 다음 설명에 해당되는 단어를 윗글에서 찾아 쓰십시오.

① 아주 오래전부터 있어 왔던 곳으로 물건이나 식료품 등을 백화점보다 싸게 구입할 수 있는 곳이다. → ＿＿＿＿＿＿＿

② 나이가 많은 어르신들이 경제적, 육체적으로 어려움 없이 생활할 수 있도록 나라에서 돕는 것이다. → ＿＿＿＿＿＿＿

제17과 표현의 차이

Key Point
· -(으)ㄴ/는 셈이다
· -(이)나 다름없다
· -(ㄴ/는)다는 말이다

1. 다음 단어 중에서 알맞은 것을 골라 괄호 안에 써넣으십시오.

마감	보름	특성	은인	한집	폭력	이튿날

(1) 저는 (   )에 하루 등산을 가니까 한 달에 이틀 가는 셈이에요.

(2) 우리 가족은 할아버지와 할머니, 부모님, 저, 이렇게 3세대가 (   )에 살고 있습니다.　　　　　　　　　　　　　　　　　　　　　＊세대(世帯)

(3) 그저께 친구와 밤새 술을 마시고 (   ) 새벽에 집에 들어갔다.

(4) 이분은 제가 물에 빠졌을 때 저를 구해주신 생명의 (   )이세요.

(5) 원고 (   ) 날짜가 이번 주말까지인데 아직 반도 못 썼어요.

(6) 이 식물은 실내 공기를 깨끗하게 해 주는 (   )이 있어서 요즘 인기예요.

(7) 요즘 학교 (   )이 늘어나고 있어서 시급한 대책이 필요합니다.

＊시급하다(至急だ)

2. 다음 밑줄 친 부분과 비슷한 의미의 단어를 골라 연결하십시오.

(1) 일본 분이신데 한국말을 <u>아주 잘하시네요</u>. ·　　　· ㉠ 화창하다

(2) 배가 좀 고픈데 <u>간단하게 뭐 좀 먹을래요?</u> ·　　　· ㉡ 민망하다

(3) 마트에서 장을 보고 계산하려고 할 때 지갑을 안 가져 온 걸 알고 <u>창피해서</u> 혼났어요. ·　　　· ㉢ 직역하다

(4) 일본어 문장을 한국어로 <u>그대로 바꿔서 말하</u><u>면</u> 의미가 안 통할 때가 있어요. ·　　　· ㉣ 우선하다

(5) 공무원은 개인적인 일보다 공적인 일을 더 <u>중요하게 생각해야</u> 합니다. ·　　　· ㉤ 유창하다

(6) 오늘은 <u>날씨가 맑고 햇볕이 따뜻해서</u> 밀린 빨래를 하려고 해요. ·　　　· ㉥ 출출하다

3. 다음에서 조사 「-(이)나」가 다르게 쓰인 것을 하나 고르십시오.

(1) ① 디저트로 과일이나 아이스크림을 먹을까요?

② 한국 유학을 생각 중인데 내년이나 내후년에 갈까 해요.

③ 노래를 못하는 건 동생이나 나나 같아요.

(2) ① 미국은 지금쯤 한 아홉 시나 됐겠다.

② 어제는 너무 피곤해서 열 시간이나 잤어요.

③ 지난주 모임에는 몇 명이나 왔어요?

4. 다음의 일본어 문장을 자연스러운 한국어로 번역해 봅시다.

(1) 彼氏にプロポーズされました。

----

(2) 今日は雪ですので、運転するとき気を付けてください。

----

(3) (電話) 今ちょっと急ぎなんですけど、部長に代わっていただけますか。

----

(4) 壊れた自転車はまだ修理していません。

----

(5) ユキさんは毎日自分でお弁当を作ると言っています。

----

(6) A：これは田舎のお母さんに送ってもらったものです。味見してみてください。
　　 B：あ、どうもすみません。

----

5. 다음을 「-(으)ㄴ/는 셈이다」를 사용해 대화문을 완성하십시오.

(1) 가: 맥주를 자주 드시는 것 같아요.

　　나: 네, 일주일에 4,5일은 마시니까 거의 매일 ----------------------------------

(2) 가: 이번 사원 여행은 몇 명 정도 가요?

　　나: 전체 30명 중에서 28명이 가니까 대부분 ----------------------------------

(3) 가: 의사가 병원에 얼마나 입원해야 한대요?

　　나: 3주일 이상은 있어야 한다고 하니까 약 한 달은 병원에 -----------------

(4) 가: 따님이 벌써 중학생이에요?

　　나: 네, 이제는 자기 일은 자기가 알아서 하니까 ----------------------------

(5) 가: 직장에 다니면서 아이 키우기 힘드시죠?

　　나: 아니에요. 주말 외에는 어머니께서 아이를 유치원에도 보내고, 아프면
　　　　병원도 데리고 가고, 거의 어머님이 ------------------------------

(6) 가: 아직도 겨울 이불을 덮고 자?　　　　　　　　*이불을 덮다(布団をかける)

　　나: 내 방이 북향이라서 5월까지 춥거든. 1년의 반은 겨울 이불을

　　　　　　　　　　　　　　　　　　　　　　　　　　　　　*북향(北向き)

----

6. 다음을 읽고 「-(으)ㄴ/는 셈이다」를 사용해 문장을 완성하십시오.

(1)
> 　　형제가 없는 란이는 강아지를 한 마리 키우고 있다. 란이가 학교에서
> 돌아오면 강아지는 언제나 란이를 반겨준다. 란이는 매일 강아지를 산책
> 시키고 목욕도 시키면서 동생처럼 잘 돌봐준다.

란이에게 강아지는 ------------------------------------

(2)
> 　　유진이는 미국에서 태어나 살고 있는데 엄마는 한국 사람이고 아빠는
> 일본 사람이다. 학교에서는 영어를 사용하고, 집에서는 잘하지는 못하지
> 만 부모님과는 한국어와 일본어로 대화를 한다.

유진이는 영어도 하고 한국어와 일본어도 할 줄 아니까 ------------------

(3)

> 시부모님 댁은 우리 집에서 5분 거리에 있다. 일주일에 서너 번은 집에 찾아가서 청소도 해 드리고 식사도 챙겨 드린다. 그리고 주말이나 연휴 때는 함께 여행을 하기도 한다.

시부모님하고는 따로 살고 있지만 거의 --

7. (보기)와 같이 「–(이)나 다름없다」를 사용하여 문장을 완성하십시오.

> (보기) 우리 할아버지가 하는 말은 가족들이 반드시 따라야 돼요. 할아버지는 <u>왕이나 다름없어요.</u>

(1) 제가 미국에 이민 온 지 벌써 40년이 다 됐어요. 이곳이 ------------------------

(2) 전쟁에서 죽은 줄 알았던 사람이 살아 돌아왔어요. ------------------------

(3) 우리 아들은 고등학생이 됐는데도 매일 아침에 깨워줘야 하고 밥도 매번 챙겨 줘야 돼요. 아직 ------------------------

(4) 그 후보는 대통령 선거에서 득표율이 50%가 넘었대요. ------------------------

＊득표율(得票率)

(5) 그 선배는 친형은 아니지만 제가 어려울 때마다 항상 도와줘요. ------------------------

----

(6) 아이를 많이 키워 본 엄마들은 아이가 아플 때 잘 대처하는 편이에요.

----

(7) 저는 외국인들에게 교통비만 받고 일주일에 한 번 한국어를 가르쳐요.

----

(8) 언니가 한 번밖에 안 신은 건데, 사이즈가 작다면서 나한테 줬어요.
이 신발은 ------------------------

8. (보기)와 같이 「ㄴ/는다는 말이에요?」를 사용하여 대화를 완성하십시오.

> (보기) 가: 김밥을 아침에 100개나 쌌는데 다 나갔네요.
>
> 나: 벌써 김밥이 다 <u>팔렸다는 말이에요?</u>

(1) 가: 바다 낚시하러 갔는데 비가 많이 와서 호텔에만 있다가 왔어요.

　　나: 그럼 _____?

(2) 가: 아, 어떡해! 실수로 설탕인 줄 알고 소금을 넣어 버렸어.

　　나: 뭐라고? 그럼, 세 시간 걸려서 만든 케이크를 _____?

(3) 가: 이사를 하려고 집을 봤는데 마음에 들어서 다른 데는 보지도 않고 계약
　　　했어요.

　　나: 그럼 그 집 하나만 보고 _____?

(4) 가: 올해 저희 회사에서는 입사 시험이 없습니다.

　　나: 그럼 신입사원을 _____?

(5) 가: 거래처 사장님께서 기다리실까 봐 허겁지겁 달려갔어요.

　　나: 그럼, 약속 시간에 _____?

　　가: 아뇨, 다행히 늦지는 않았어요. 가니까 사장님이 아직 안 오셨더라고요.

9. 간접화법의 「-자는, -(으)라는, -아/어 달라는 말이다」를 사용해 대화를 완성하십시오.

(1) 가: 비 오는데 택시 타고 갈까?

　　나: 비가 많이 오는 것도 아니고 먼 거리도 아니니까 걸어갈 수 있을 거야.

　　가: 옷이 젖을지도 모르는데 이 빗속을 _____?

(2) 가: 네가 이 영어 단어를 다 외우면 엄마가 용돈을 올려 줄게.

　　나: 엄마, 이렇게 많은 걸 _____?

(3) 가: 오빠, 나 지금 한국에서 오사카로 놀러 왔는데 여기로 올 수 있어?

　　나: 도쿄에 사는 나더러 _____?

(4) 가: 이거 이만 원으로 해 주시면 안 돼요?

　　나: 이게 원래 삼만 원짜리인데 만 원이나 _____?

10. 다음 문장을 읽고 질문에 대답하십시오.

처음으로 일본에 와서 일본 사람과 대화할 때 상대방이 한 말을 잘못 이해해서 실수한 적이 몇 번 있었다. 그중에 하나가 '스미마셍(すみません)'이었다. 처음에 나는 '스미마셍'이라는 표현을 단지 '미안하다'의 의미로만 알고 있었다.

　가　 하루는 일본 친구의 집을 방문했다. 나는 선물로 가지고 간 한국 김을 친구에게 건넸는데 그때 친구는 내게 '스미마셍'이라고 했다. 나는 친구가 당연히 고맙다는 의미로 '아리가토(ありがとう)'라고 할 줄 알았는데, '스미마셍'이라고 말해서 조금 당황스러웠다. '나에게 잘못한 것도 없는데 왜 미안하다고 하는 거지?'라고 생각한 것이다. 친구는 내게 '스미마셍'은 미안할 때뿐만 아니라 고마울 때도 쓰이는 표현이라고 가르쳐 주었다. 　나　

외국어를 처음 배울 때는 문화적인 부분까지 이해하고 언어를 사용하기는 어렵다. 그 언어가 쓰이는 나라의 문화와 사람들을 더 깊게 이해하고 알게 되면서 비로소 그 나라의 말을 자연스럽게 (　㉠　) 수 있게 되는 것 같다. 　다　

＊비로소(ようやく)

(1) ㉠에 들어갈 알맞은 단어를 고르십시오.

　① 우선할　　　　② 직역할　　　　③ 유창할　　　　④ 구사할

(2) 다음의 문장이 들어갈 알맞은 곳을 고르십시오.

또한 이 표현은 식당에서 점원을 부를 때도 사용할 수 있는 편리한 말이기도 했다.

　① 가　　　　　② 나　　　　　③ 다

(3) 위의 내용과 다른 것을 고르십시오.

① 글쓴이는 '스미마셍'이 사과할 때뿐만이 아니라 사람을 부를 때도 사용할 수 있다는 것을 처음부터 알고 있었다.

② 글쓴이는 일본에서 생활하면서 같은 표현도 다양한 의미로 쓰인다는 것을 알게 되었다.

③ 글쓴이는 자연스러운 일본어를 사용하기 위해서는 문화를 이해하는 것이 중요하다는 것을 깨달았다.

제18과 안전사고

Key Point
- -(으)ㄴ/는 데다(가)
- -(으)ㄹ걸 (그랬다)
- -(으)ㄹ걸(요)

1. (보기)와 같이 그림을 참고하여 알맞은 말을 빈칸에 써넣으십시오.

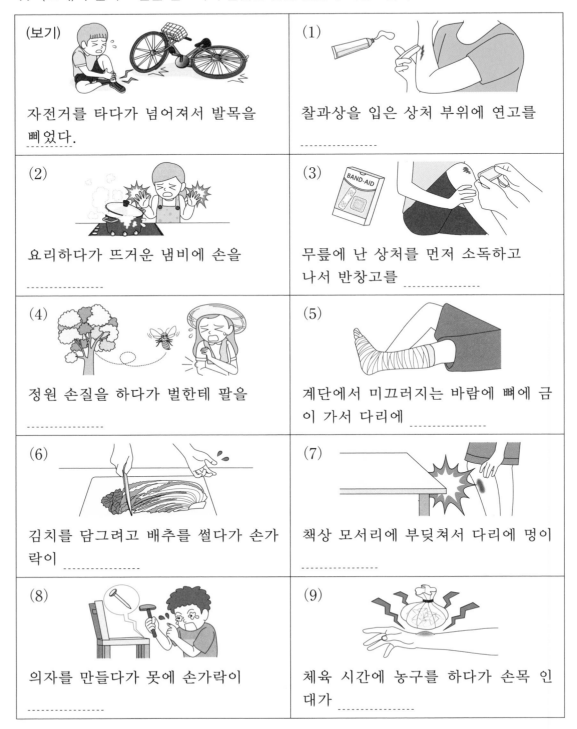

(보기)
자전거를 타다가 넘어져서 발목을 삐었다.

(1)
찰과상을 입은 상처 부위에 연고를 _____

(2)
요리하다가 뜨거운 냄비에 손을 _____

(3)
무릎에 난 상처를 먼저 소독하고 나서 반창고를 _____

(4)
정원 손질을 하다가 벌한테 팔을 _____

(5)
계단에서 미끄러지는 바람에 뼈에 금이 가서 다리에 _____

(6)
김치를 담그려고 배추를 썰다가 손가락이 _____

(7)
책상 모서리에 부딪쳐서 다리에 멍이 _____

(8)
의자를 만들다가 못에 손가락이 _____

(9)
체육 시간에 농구를 하다가 손목 인대가 _____

2. (보기)와 같이 그림을 참고하여 알맞은 단어를 빈칸에 써넣으십시오.

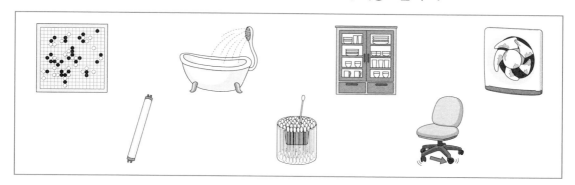

(보기) 나는 아버지와 <u>바둑</u>을 둘 때 일부러 져 드리는 경우가 많다.

＊바둑을 두다(碁を打つ)

(1) 그릇을 두는 ＿＿＿＿＿＿에 쌓인 먼지는 행주로 닦는다.

(2) 의자는 ＿＿＿＿＿＿가 달린 게 사용하기 편할 것 같다.

(3) 거실 ＿＿＿＿＿＿이 다 돼서 새로 갈아야 한다.   ＊다 되다(使い切る)

(4) 귀에 물이 들어갔을 때 ＿＿＿＿＿＿으로 닦아내면 안 된다고 한다.

(5) 욕실에 있는 ＿＿＿＿＿＿는 세제를 사용해서 깨끗이 청소한다.

(6) 이 세제는 부엌에 있는 ＿＿＿＿＿＿의 기름때를 제거하는 데 효과적이다.

3. (보기)와 같이 밑줄 친 부분과 반대되는 말을 골라 빈칸에 써넣으십시오.

겸손하다   부착하다   날카롭다   젖히다   빈번하다   삼키다   들어오다

(보기) 부엌칼은 칼날이 <u>무딘</u> 것보다는 <u>날카로운</u> 게 낫지요.

＊칼날이 무디다(刃が鈍い)

(1) 약이 쓰더라도 <u>뱉지</u> 말고 ＿＿＿＿＿＿   ＊뱉다(吐き出す)

(2) 잘난 체하는 사람보다 ＿＿＿＿＿＿ 사람이 더 매력적이다.

(3) 이 코트는 모자를 <u>떼어</u> 낼 수도 있고 ＿＿＿＿＿＿ 수도 있다.

(4) 아까 정전 때문에 불이 <u>나갔는데</u> 이제 불이 ＿＿＿＿＿＿   ＊정전(停電)

(5) 코피 날 때 고개를 뒤로 ＿＿＿＿＿＿ 사람이 많은데 사실은 고개를 <u>숙여야</u> 한다.

(6) 예전엔 뒷산에 다람쥐가 <u>드물게</u> 보였는데 요즘엔 ＿＿＿＿＿＿ 눈에 띈다.

＊다람쥐(リス)

4. (보기)와 같이 「-(으)ㄴ/는 데다(가)」 또는 「-에다(가)」로 바꿀 수 있는 부분에 밑줄을 긋고 바꿔 쓰십시오.

> (보기) 넘어져서 발목을 <u>삐었을 뿐만 아니라</u> 얼굴에 상처도 생겼어요.
>
> → (삔 데다가)

(1) 혼자서 대청소를 했을 뿐만 아니라 김치까지 담갔어요.

   → (   )

(2) 이 케이크에는 생크림뿐만 아니라 설탕까지 잔뜩 들어가서 열량이 높아요.

   → (   )

(3) 이번에 제품 개발팀은 3일간의 휴가와 특별 보너스까지 받았다.

   → (   )

(4) 우리 아들이 취직도 하고 결혼도 하고, 이렇게 좋은 일이 겹치니 참 좋구나.

   → (   )

(5) 벌에 쏘여서 따끔거리기만 한 게 아니라 많이 부었어요.

   → (   )   *따끔거리다(ちくちくする)

5. (보기)와 같이 「-(으)ㄴ/는 데다가」를 사용해서 문장을 자유롭게 완성하십시오.

> (보기) 아드님이 <u>예의가 바른 데다가</u> 인물도 좋네요.

(1) 이 책은 _____ 내용도 어려워서 읽는 데 시간이 꽤 걸려요.

(2) 극장 안이 _____ 안경도 안 써서 잘 안 보였어요.

(3) 눈이 와서 길이 _____ 굽이 높은 구두를 신어서 넘어질 뻔했어요.
                                                 *굽(〈靴の〉ヒール)

(4) 여행을 갔는데 _____ 경치도 아름다워서 정말 즐거웠어요.

(5) 요리를 하다가 _____ 뜨거운 냄비에 손등까지 데었어요.
                                                 *손등(手の甲)

(6) 저는 이번 경기를 위해서 _____ 운도 좋았기 때문에 우승할 수 있었어요.

6. 〈보기〉와 같이 「-(으)ㄹ걸 (그랬다)」를 사용해서 문장을 완성하십시오.

〈보기〉	학창시절에 좀 더 열심히 공부했더라면…	고등학교 때 좀 더 열심히 공부할걸 그랬어요. 그랬으면 지금쯤….
(1)	집에서 좀 일찍 나왔더라면…	와, 사람들이 벌써 이렇게 많이 와서 줄을 섰어? 좀 더 _____
(2)	진작에 예매해 뒀으면 좋았을 텐데…	연극 표가 전부 매진됐대. 이럴 줄 알았으면 _____
(3)	빨래를 안 했더라면 좋았을 텐데…	이렇게 갑자기 비가 쏟아질 줄 몰랐어. _____
(4)	다이어트를 안 한 게 후회돼.	진작에 _____. 오늘 수영복을 입게 될 줄 몰랐네.
(5)	남은 요리가 아깝다고 다 먹었더니 속이 안 좋네.	아까 억지로 _____. 아깝다고 남은 요리를 다 먹었더니 배탈이 난 것 같아.
(6)	넘어졌을 때 바로 병원에 안 간 게 후회돼.	계단에서 넘어졌을 때 바로 _____ _____. 상처가 더 심해졌어요.
(7)	조심했더라면 유리잔이 안 깨졌을 텐데…	설거지할 때 좀 더 _____. 부주의로 유리잔을 깨고 말았어요.

7. (보기)와 같이 「–(으)ㄹ걸(요)」를 사용하여 자유롭게 대화를 완성하십시오.

> (보기) 가: 이게 조선시대 도자기라고 해서 샀는데 진짜일까요?
>
> 나: 아마 <u>가짜일걸요</u>. 진짜가 그렇게 쌀 리가 없잖아요.

(1) 가: 저는 오늘 차를 가지고 와서 술을 마시면 안 돼요.

　　나: 그럼 무알코올 맥주를 시키세요. 메뉴에 <u>　　　　　　　　　　</u>

(2) 가: 준수 씨가 다리에 붕대를 감고 왔던데 어쩌다가 다쳤는지 알아요?

　　나: 아마 <u>　　　　　　　　　　</u>. 지난 주말에 스키장에 간다고 했거든요.

(3) 가: 어르신들은 밖에서보다 집안에서 오히려 많이 다친다고 들었어. 어디에
서 다치는 거지?

　　나: <u>　　　　　　　　　　</u>. 욕실은 바닥이 미끄러워서 넘어지기 쉽잖아.

(4) 가: 캐나다에서는 길거리에서 술을 마시는 게 불법이에요. 한국은 어때요?

　　나: 아마 <u>　　　　　　　　　　</u>. 그래도 길거리에서 음주는 안 했으면 해요.

(5) 가: 일본은 몇 살부터 술을 마실 수 있어?

　　나: 음, 아마 <u>　　　　　　　　　　</u>. 그래서 성인식하고 나면 마시잖아.

8. (보기)와 같이 알맞은 문형을 골라 대화를 자유롭게 완성하십시오.

–(으)ㄹ걸(요)　　　　–(으)ㄹ걸 (그랬다)　　　　–(으)ㄴ/는 데다가　　　　–에다가

가: 지희야, 지난주에 호석이네 식당 개업 파티를 했었잖아. 난 선약이 있어서
못 갔는데 넌 갔니?　　　　　　　　　　　　　　　　　*개업(開業)

나: 그럼. 식당 분위기가 굉장히 (보기) <u>고급스러운 데다가</u> 음식도 맛있었어.
그리고 유명한 가수까지 와서 개업 축하 노래도 불러줬어.

가: 혹시 그 가수 이름이 희망 아니야? 아마 호석이랑 초등학교 때부터 (1) <u>　　　
　　　　　　</u>. 예전에 호석이가 얘기한 적이 있는 것 같아.

나: 그래? 난 몰랐어. 그 가수 정말 노래를 잘 (2) <u>　　　　　　　　</u> 매너도 좋
고 인상도 좋더라고. 게다가 호석이가 개업 파티에 와 준 사람들한테 선물도
줬어. 동전을 넣을 수 있는 (3) <u>　　　　　　　　</u> 가게 이름이 새겨진 티셔
츠까지 말이야.

가: 와. 좋았겠다. 나도 약속 취소하고 (4) <u>　　　　　　　　</u>

나: 그래. 너도 왔으면 좋았을 텐데 아쉽다.

9. 다음 글을 읽고 질문에 답하십시오.

〈안전보건공단에서 알립니다.〉

어린이나 고령자가 있는 가정에서는 집 안이라고 해서 (가) 방심해서는 안 됩니다. 바닥이 미끄러운 욕실이나 계단은 사고가 ① ＿＿＿＿＿＿＿ 게 일어나는 공간입니다. 저희 안전보건공단에서는 사고방지를 위해서 계단 벽에 손잡이를 설치하고, 욕실 바닥에 미끄럼 방지 설치를 하도록 권하고 있습니다.

특히 어린이가 있는 가정에서는 전기 콘센트의 경우 감전을 방지하는 안전 덮개로 ② ＿＿＿＿＿ 두어야 하며, 날카로운 칼이나 가위 등 위험한 물건은 어린이들의 손이 ③ ＿＿＿＿＿ 않는 장소에 보관해야 안전합니다. (나) 기 때문에 더욱 세심한 주의를 기울여야 합니다. 또한 고령자는 살짝 넘어지기만 해도 뼈에 ④ ＿＿＿＿＿ 거나 부러질 위험이 있지요. 자칫 잘못하면 큰 사고로 ⑤ ＿＿＿＿＿ 수 있습니다. 사고가 난 후에 '진작에 조심할걸 그랬다'며 후회하지 마시고, 미리 ⑥ ＿＿＿＿＿ 것이 중요합니다. 그리고 소독약, 붕대, 연고 등 응급처치와 관련된 물품은 사전에 준비해 두십시오. 기억합시다. 방심은 금물입니다.

*덮개(カバー)

(1) 위의 ①~⑥에 들어갈 단어를 알맞은 형태로 바꿔 써넣으십시오.

| 닿다 | 덮다 | 방지하다 | 이어지다 | 빈번하다 | 금이 가다 |

(2) 윗글의 (가) '방심해서는'과 바꿔 쓸 수 있는 것을 고르십시오.

　① 주의 깊게 지켜봐서는

　② 마음 놓고 안심해서는

　③ 다른 사람에게 마음을 주어서는

(3) 다음의 표현과 문형을 사용하여 (나)에 들어갈 알맞은 형태로 만드십시오.

　• 표현: 호기심이 많다, 입에 넣다, 무엇이든

　• 문형: -(으)려고 하다, -(으)ㄴ/는 데다가

　→ 어린이는 ＿＿＿＿＿＿＿＿＿＿＿＿ 기 때문에

제19과 한복

Key Point
· –곤 하다
· –을/를 비롯하여
· –(으)려던 참이다

1. 그림을 참고하여 알맞은 단어를 빈칸에 써넣으십시오.

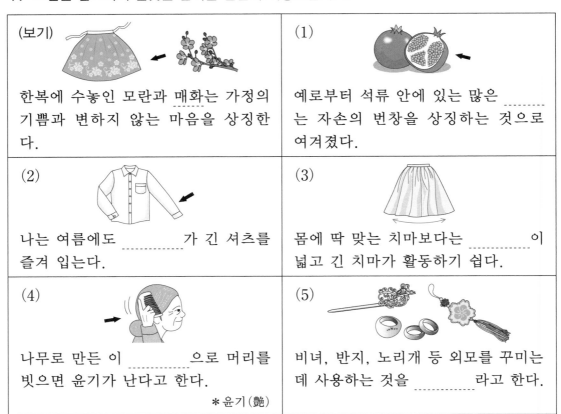

(보기)
한복에 수놓인 모란과 매화는 가정의 기쁨과 변하지 않는 마음을 상징한다.

(1) 예로부터 석류 안에 있는 많은 _____는 자손의 번창을 상징하는 것으로 여겨졌다.

(2) 나는 여름에도 _____가 긴 셔츠를 즐겨 입는다.

(3) 몸에 딱 맞는 치마보다는 _____이 넓고 긴 치마가 활동하기 쉽다.

(4) 나무로 만든 이 _____으로 머리를 빗으면 윤기가 난다고 한다.
＊윤기(艶)

(5) 비녀, 반지, 노리개 등 외모를 꾸미는 데 사용하는 것을 _____라고 한다.

2. (보기)와 같이 알맞은 단어를 골라 빈칸에 넣으십시오.

혼례복	벽화	염색	신분	사치품	띠	금속

(보기) 조선시대 여성들이 머리에 썼던 가체는 후에 (사치품)으로 전락했다.

(1) 신랑 신부가 결혼할 때 입는 옷을 (   )이라고 한다.

(2) 고구려시대의 (   )와 기록을 보면 당시의 의상을 알 수 있다.

(3) 조선시대는 (   ) 사회였으므로 양반과 서민의 의상이 달랐다.

(4) 이 칼의 칼날 부분은 (   )으로 되어 있고 손잡이 부분은 나무로 되어 있다.

(5) 조선시대 한복의 색을 보면 당시 (   ) 기술이 뛰어났던 것으로 보인다.

(6) 고구려시대에는 엉덩이까지 내려오는 저고리를 입고 천으로 만든 (   )를 허리에 맸다.

3. (보기)와 같이 그림을 참고하여 알맞은 말을 빈칸에 써넣으십시오.

(보기)	조선시대에는 결혼하지 않은 여성과 남성은 긴 머리를 땋아서 댕기로 묶었다.
(1)	신랑과 마주보고 선 신부는 부끄러운지 두 손으로 얼굴을
(2)	카페에 들어갔는데 조금 추운 듯해서 어깨에 숄을
(3)	한국의 전통 결혼식에서 신부는 머리에 족두리를 활옷을 입는다.
(4)	조선시대 여인들은 결혼을 하면 머리를 올려서 비녀를
(5)	옛날에 우리 할머니는 비단에 손수 한복을 만드셨다. *손수(自分で、手ずから)

4. (보기)와 같이 알맞은 것을 골라 문장을 완성하십시오.

유래없다	들뜨다	전락하다	속을 썩이다
말대꾸를 하다	한자리에 모이다		성격이 급하다

(보기) 우리 아들이 하라는 공부는 안 하고 자꾸 속을 썩여요.

(1) 10년 만에 고등학교 동창들이

(2) 선생님께 혼날 때 _____ 선생님을 더 화나게 하고 말았다.

(3) 여행 전날이라 마음이 _____ 그런지 잠이 오지 않는다.

(4) 올여름은 _____ 더운 날씨가 지속되고 있으니 건강에 유의하십시오.

(5) 그는 한때 잘나가던 기업의 사장이었지만 지금은 실업자로

(6) 우리 삼촌은 _____ 잘 참지 못하고 사고를 일으키기 일쑤다.

*-기 일쑤다(〜しがちだ)

5. (보기)와 같이 「-곤 하다」를 사용해서 문장을 완성하십시오.

> (보기) 엄마가 옛날에는 빵도 자주 <u>만드시곤 했었는데</u> 요즘엔 잘 안 하신다.

(1) 옛날에는 도서관에서 책을 빌려 <u>   </u> 지금은 주로 사서 읽어요.

(2) 어릴 적엔 명절에 한복을 <u>   </u> 지금은 잘 안 입어요.

(3) 얼마 전까지는 흰머리를 <u>   </u> 요즘은 귀찮아서 염색하지 않아요.

(4) 예전에는 도시락을 직접 <u>   </u> 지금은 편의점에서 사 먹어요.

(5) 몇 년 전까지는 하이힐도 <u>   </u> 지금은 굽이 낮은 신발만 신어요.

6. (보기)와 같이 「-곤 하다」를 사용해서 대화를 완성하십시오.

> (보기) 가: 아버지께서 정년퇴직하셨다면서요? 요즘 어떻게 지내세요?
>
>   나: 아버지가 낚시를 좋아하셔서 가끔 친구들과 강이나 바다에 <u>가곤 하세요.</u>

(1) 가: 매일 요리하는 거 귀찮지 않으세요?

    나: 요리하기 싫을 때는 배달시켜 먹거나 밖에서 <u>   </u>

(2) 가: 새로운 부서로 옮겼다고 하던데 바쁘시겠어요.

    나: 별로 안 바빠요. 하지만 월말에는 일이 많아서 <u>   </u>

(3) 가: 집에서 회사까지 버스로 두 정거장 밖에 안 돼요? 가까워서 좋겠어요.

    나: 정말 편해요. 그래도 가끔 건강을 생각해서 <u>   </u>

(4) 가: 어제는 좀처럼 잠이 안 와서 새벽 3시까지 책을 읽었어요.

    나: 저도 잠이 안 올 때가 있는데 그럴 때는 <u>   </u>

(5) 가: 평소에 건강을 위해서 특별히 신경 쓰는 거라도 있으세요?

    나: <u>   </u>

7. (보기)와 같이 「−을/를 비롯하여」를 사용하여 문장을 완성하십시오.

(「−을/를 비롯해서」「−을/를 비롯해」도 쓸 수 있음)

(보기)	올 추석 때는 할아버지를 비롯해서 부모님, 삼촌 등 온 가족이 제주도로 여행을 갔다 왔습니다.
(1)	이 원룸은 약간 비싼 편이지만 ⎯⎯⎯⎯⎯⎯ ⎯⎯⎯⎯⎯⎯ 등이 구비되어 있습니다.
(2)	이번 세계환경포럼에는 ⎯⎯⎯⎯⎯⎯ ⎯⎯⎯⎯ 등 많은 나라들이 참가하여 열띤 토론을 했습니다. *열띤(熱烈な)
(3)	결혼식을 올리려면 ⎯⎯⎯⎯⎯⎯ ⎯⎯⎯⎯⎯⎯ 등 준비해야 할 것이 많습니다.
(4)	중년 이후에 걸리기 쉬운 성인병에는 ⎯⎯⎯⎯ ⎯⎯⎯⎯⎯⎯ 등이 있습니다. *당뇨병(糖尿病)　심장병(心臟病)
(5)	우리 마을에서는 ⎯⎯⎯⎯⎯⎯ 등을 재배해서 직접 판매도 하고 있습니다.
(6)	저희 대형 쇼핑몰은 ⎯⎯⎯⎯⎯⎯ ⎯⎯⎯⎯ 등 다양한 시설을 갖추고 있습니다. *갖추다(揃える)

8. (보기)와 같이 목격자들이 말한 내용 중에서 「–(으)려던 참이다」로 바꿔 쓸 수 있는 부분에 밑줄을 긋고 고쳐 쓰십시오.

"어젯밤 11시경에 목격한 교통사고에 대해서 각자 자세히 말씀해 주세요."

(보기) 목격자 A: 영업시간이 끝나서 가게 문을 <u>닫으려고 하는데</u> 갑자기 밖에서 '쾅'하는 소리가 들렸어요. 그래서 바로 소리가 난 곳으로 달려갔어요.	(1) 목격자 B: 저는 목이 말라서 자동 판매기에서 음료수를 하나 뽑으려고 했어요. 바로 그때 등 뒤에서 큰 소리가 나서 돌아봤더니 교통사고가 났더라고요.
(2) 목격자 C: 신호등이 바뀌어서 횡단보도를 막 건너려던 찰나였어요. 바로 그때 어떤 자동차가 횡단보도에서 멈추지 않고 달려오더니 앞 차와 충돌했어요. *찰나(瞬間)	(3) 목격자 D: 저는 친구들과 식사를 하고 나오다가 사고가 난 현장을 목격했어요. 급하게 119에 전화하려던 그때, 마침 구급차가 왔어요.

(보기) 목격자 A: <u>닫으려던 참이었는데</u>   (1) 목격자 B: _____

(2) 목격자 C: _____   (3) 목격자 D: _____

9. 「–곤 하다」, 「–(으)려던 참이다」, 「–을/를 비롯해서」 중에서 알맞은 문형을 사용해 대화를 완성하십시오.

지희: 영미 씨, 국립박물관에서 '한복의 변천사'를 주제로 전시회를 하던데 같이 보러 갈래요? 조선시대의 ① _____ 신발, 장신구까지 다 있는 모양이에요.

영미: 안 그래도 ② _____ 데 잘됐네요. 전 특히 한복에 관심이 많거든요.

지희: 아, 그러세요? 근데 영미 씨는 명절 때 한복을 입어요?

영미: 예전에는 설날에 ③ _____ 데 요즘엔 통 안 입어요. 지희 씨는요?

지희: 전 요즘에도 가끔 ④ _____. 사실 개량 한복이 몇 벌 있는데 정말 예쁘고 편하더라고요.

영미: 최근에 개량 한복을 입는 사람들이 눈에 많이 띄더라고요. 저도 한번 입어 봐야겠어요.

*변천사(變遷史)   개량 한복(改良韓服)

10. 다음의 글을 읽고 물음에 답하십시오.

최근 서울의 고궁이나 한옥마을 주변을 걷다 보면 다양한 한복을 입고 (가) 들뜬 얼굴로 주위를 구경하는 관광객들을 쉽게 접할 수 있다.

머리를 땋아 ① ＿＿＿＿＿를 한 여성, 갓을 쓰고 도포를 입은 남성 등 드라마나 영화에서만 볼 수 있던 모습들을 이렇게 거리에서 실제로 볼 수 있게 된 데에는 한복 대여점의 역할도 크다. 한복 대여점에는 용이 ② ＿＿＿＿ 왕의 관복을 비롯하여 양반들이 입었었던 도포, ③ ＿＿＿＿ 자수가 눈에 띄는 화려한 여성용 한복까지 다양하게 ④ ＿＿＿＿＿ 있다. 게다가 ⑤ ＿＿＿＿ 없는 가격으로 누구나 빌려 입을 수 있으며, 고궁에서는 한복을 입은 입장객에 한해 할인을 해 주고 있다.

한복을 ⑥ ＿＿＿＿＿으로 입는 사람이 거의 없는 현대사회에서 한복을 입고 역사적인 장소를 여유롭게 산책하는 사람들을 보는 것은 마치 ┃ (나) ┃. 바쁜 일상에 지친 직장인들도 주말에 한복을 입고 느긋하게 고궁 나들이를 해 보는 것도 좋을 것 같다.

＊나들이（お出かけ）

(1) 윗글의 ①~⑥에 들어갈 알맞은 단어를 골라 글을 완성하십시오.

| 부담 | 일상복 | 댕기 머리 | 수놓이다 | 섬세하다 | 구비되다 |

(2) 윗글의 (나) 부분에 들어갈 가장 알맞은 문장을 고르십시오.
① 현대적 건물들과 잘 어울린다.
② 조선시대로 되돌아간 듯한 착각마저 들게 한다.
③ 한복이 현대 한국인들의 일상복이 될 거라는 생각이 든다.

(3) 윗글의 (가)「들뜨다」의 의미와 다르게 쓰인 것을 고르십시오.
① 어제 잠을 제대로 못 자서 그런지 화장이 안 먹고 들뜨네요.
② 유럽 여행을 앞두고 재영이는 기분이 들떠서 좀처럼 잠들지 못했다.
③ 희수는 웨딩드레스를 입고 들뜬 마음으로 거울에 비친 자신을 바라보았다.

제20과 마케팅

Key Point
· -(으)ㄹ 게 뻔하다
· -(으)나 마나
· -아/어야 할 텐데
· -기가 무섭게

1. 다음에서 알맞은 단어를 골라 빈칸에 써넣으십시오.

부작용	잡화	휴식	어둠	친목	도전

(보기) 길 건너편에 있는 그 가게는 옷 외에도 여러가지 <u>잡화</u>를 취급하고 있다.

(1) 나는 운전면허 시험에 세 번이나 _____을 했는데 다 떨어졌다.

(2) _____은 빛을 이길 수 없다고 하잖아요. 언젠가 진실은 밝혀질 거예요.

(3) 대부분의 백화점 1층에는 _____을 취할 수 있는 의자가 놓여 있지 않다.

(4) 사원 여행은 직원들이 서로 가까워질 수 있도록 _____을 목적으로 만들어졌다.

(5) 이 약은 다른 약과 함께 복용하면 _____이 생길 수 있으므로 주의하십시오.

2. 서로 의미가 자연스럽게 이어지는 것을 골라 연결하십시오.

(1) 비바람이 강하게 불어서 •	• 파격적인 광고를 만들었다.
(2) 백화점에서 사은품을 준다길래 •	• 다른 관점에서 생각하는 것이다.
(3) 한일 교류 모임에서 다들 처음 만났지만 •	• 필요하지 않았지만 충동 구매를 했다.
(4) '발상의 전환'이란 고정관념을 버리고 *고정관념(固定観念) •	• 소풍은 결국 취소되고 말았다.
(5) 소비자들의 시선을 끌기 위해서 •	• 예상을 뛰어넘는 매출을 올리고 있다.
(6) 고급화 전략을 고수하는 그 카페는 •	• 서로 친근하게 이야기를 나눴다.

3. (보기)와 같이 주어진 첫 글자를 사용해서 알맞은 표현을 써넣으십시오.

> (보기) 쇼윈도의 화려한 전시는 소비자의 충동구매를 <u>유</u>도했다.

(1) 수업이 끝나는 종이 울리자마자 학생들은 교실을 <u>뛰</u>

(2) 우리 집 강아지는 내가 인형 탈을 쓰고 있어도 누군지 바로 <u>알</u>

(3) 오늘은 운동을 무리하게 한 탓에 침대에 눕자마자 <u>곯</u>

(4) 강한 비바람에 도로의 간판과 나무들이 심하게 <u>흔</u>

(5) 바겐세일 첫날에 백화점 문이 열리자마자 사람들이 구름처럼 <u>몰</u>

(6) 오랜만에 친구랑 같이 본 영화는 하품이 나올 만큼 <u>지</u>   *하품(あくび)

(7) 무더운 여름이 끝나고 가을로 접어들어서 그런지 아침에 부는 바람이
<u>상</u>   *접어들다((時期に)入る)

4. (보기)와 같이 알맞은 것을 골라 문장을 완성하십시오.

설립되다	빗발치다	끌다	발행되다	찌다	고정되다	확장시키다

(보기) 1892년에 <u>설립된</u> 그 회사는 지금 세계적으로 유명한 회사가 되었다.

(1) 다국적기업인 J커피 전문점은 아시아와 아프리카에까지 가게를 ＿＿＿＿

(2) '트렌디'라는 잡지는 영국에서 한 달에 한 번 ＿＿＿＿ 잡지이다.

(3) 모처럼 시내에 차를 ＿＿＿＿ 왔는데 주위에 주차장이 하나도 안 보인다.

(4) 그 배우는 하나의 이미지로 ＿＿＿＿ 있어서 다양한 역을 맡지 못한다.

(5) 푹푹 ＿＿＿＿ 여름날에는 시원한 바람이 쌩쌩 나오는 에어컨이 그만이다.

(6) 그 감독은 총알이 ＿＿＿＿ 전쟁터 장면을 훌륭하게 연출했다.

*전쟁터(戰地)

5. (보기)와 같이 그림을 참고하여 「-(으)ㄹ 게 뻔하다」로 문장을 완성하십시오.

(보기) TRAIN TICKET 09:00	지금 서둘러서 역으로 간다고 하더라도 기차를 <u>놓칠 게 뻔해요</u>.
(1) 그때 유학을 갔어야 했는데….	젊었을 때 하고 싶은 것을 하지 않으면 나이가 든 후에 ‒‒‒‒‒‒‒‒‒‒
(2)	문제가 있는 물건을 판매하다니 항의 전화가 ‒‒‒‒‒‒‒‒
(3)	우리 엄마는 내가 집에 들어갈 때까지 ‒‒‒‒‒‒‒‒‒
(4)	제가 외동딸인데 프랑스에서 취직할 거라고 하면 부모님께서 ‒‒‒‒‒‒‒
(5) 원조 닭갈비집	그 식당은 요즘 인기 폭발이던데, 주말에는 보나 마나 자리가 ‒‒‒‒‒‒‒

6. (보기)와 같이 「-(으)나 마나」를 사용해서 문장을 완성하십시오.

(보기) 저 운동 기구는 사용하는 사람도 없는데 <u>있으나 마나</u>니까 갖다 버리자.

(1) 아들이 방을 청소했다고 하는데 ‒‒‒‒‒‒‒ 대충 했을 거야.
(2) 날씨가 너무 건조해서 얼굴에 수분 크림을 ‒‒‒‒‒‒‒‒‒ 예요.
(3) 근영이한테 ‒‒‒‒‒‒‒‒‒ 시치미를 뗄 텐데 왜 물어보려고 해?
(4) 그 사람은 보통 고기를 3인분은 먹으니까 1인분은 ‒‒‒‒‒‒‒‒ 일 거야.
(5) 매일 야식을 먹으면 다이어트는 ‒‒‒‒‒‒‒‒ 지요.
(6) 재미도 없고 교훈도 없고 이렇게 ‒‒‒‒‒‒‒‒‒ 한 소설을 왜 쓰는지 모르겠다.

*교훈(教訓)

7. (보기)와 같이 「-아/어야 할 텐데」를 사용해서 대화를 완성하십시오.

> (보기) 가: 이 스웨터는 누구에게 선물할 거예요?
>
> 나: 시어머니요. 근데 사이즈가 잘 <u>맞아야 할 텐데</u> 걱정이에요.

(1) 가: 엄마, 약을 발랐는데 상처가 좀처럼 안 나아요.

　　나: 빨리 ＿＿＿＿＿＿＿＿＿＿ 정말 걱정이구나. 병원에 한 번 더 가 보자.

(2) 가: 발표 준비는 다 하셨나요?

　　나: 네, 근데 실수를 ＿＿＿＿＿＿＿＿＿＿ 많은 사람 앞이라서 너무 긴장되네요.

(3) 가: 여름 한정판으로 로즈 컬러 립스틱이 나왔대. 살 거야?　＊한정판(限定版)

　　나: 물론이지. 근데 벌써 다 팔렸으면 어떡하지? 아직 ＿＿＿＿＿＿＿＿＿＿

(4) 가: 겨울이 오기 전에 지금 짓고 있는 집이 다 ＿＿＿＿＿＿＿＿＿＿ 걱정이네.

　　나: 그러게. 추워지기 전에 새집으로 이사했으면 좋겠다.

(5) 가: 우리 회사가 망하지 않으려면 이번 신제품이 ＿＿＿＿＿＿＿＿＿＿

　　나: 그러게요. 많이 팔려서 매출이 늘기를 바랄 뿐이에요.　＊망하다(つぶれる)

8. 다음의 대화를 「-기가 무섭게」를 사용해서 완성하십시오.

(1) 가: 10분 정도 늦는다더니 제시간에 도착하셨군요.

　　나: 네, 지현 씨가 기다릴까 봐 회의가 ＿＿＿＿＿＿＿＿＿＿ 나왔어요.

(2) 가: 저 옷은 텔레비전에서 광고가 ＿＿＿＿＿＿＿＿＿＿ 주문전화가 빗발쳤대요.

　　나: 직접 입어 보지 않고도 사는 사람이 많군요.

(3) 가: 우리 개는 사료는 잘 안 먹으려고 하는데 닭가슴살은 좋아해요.

　　나: 그래요? 우리 집 강아지는 사료를 그릇에 ＿＿＿＿＿＿＿＿＿ 먹어 치워요.

　　　　　　　　　　　　　　　　　　　　　　　　　　＊먹어 치우다(食い尽くす)

(4) 가: 어제 회의 준비하느라고 많이 힘드셨죠? 푹 쉬셨어요?

　　나: 네, 어제는 너무 피곤해서 침대에 ＿＿＿＿＿＿＿＿＿ 곯아떨어졌어요.

(5) 가: 콘서트 예약 화면이 인터넷에 떴대요. 얼른 해 보세요.

　　나: 벌써 매진이래요. 예매 화면이 ＿＿＿＿＿＿＿＿＿ 티켓이 다 팔렸대요.

　　　　　　　　　　　　　　　　　　　　　　　　＊인터넷에 뜨다(ネットに上がる)

9. (보기)와 같이 「-기가 무섭게」로 바꿀 수 있는 곳에 밑줄을 긋고 쓰십시오.

(보기) 그 식당은 <u>주문을 하면 곧바로</u> 반찬과 요리가 나온다.
　　　→ (주문을 하기가 무섭게)

(1) 사장님 말씀이 끝나기가 바쁘게 사원들은 밖으로 나갔다.
　　→ (　　　　　　　　　　)
(2) 사람들은 신호등 색깔이 바뀌자마자 급하게 횡단보도를 건넜다.
　　→ (　　　　　　　　　　)
(3) 어머니께서는 내 얼굴을 보고는 단번에 무슨 일이 생긴 것을 알아차리셨다.
　　→ (　　　　　　　　　　)

10. 그림을 참고하여 「-(으)ㄹ 게 뻔하다」, 「-(으)나 마나」, 「-기가 무섭게」, 「-아/어야 할 텐데」 중에서 알맞은 것을 골라 글을 완성하십시오.

(1) 	아빠: 오늘 우리 딸 생일이라서 아빠가 (보기) <u>퇴근하기가 무섭게</u> 선물을 사 왔지. 생일 축하해. 어서 열어 봐. 딸　: 아빠 선물은 항상 책이었으니까 또 ＿＿＿＿＿＿＿＿＿＿ 아빠: 이번에는 다른 거야. 열어 보면 깜짝 놀랄 걸.
(2) 	동생: 주말에 친구랑 스키 타러 가는데 날씨가 ＿＿＿＿＿＿ 걱정이야. 형　: 일기예보에서 비는 안 오는데 춥대. 동생: 정말? 다행이네. 그럼 이 잠바 입고 갈까? 형　: 그건 얇아서 ＿＿＿＿＿＿. 더 두꺼운 거 없어?
(3) 	내가 소고기 숯불구이 가게를 차렸다고 했을 때 "주변에 고깃집이 많아서 장사가 힘들 텐데 괜찮을까?" 또는 "이왕 시작한 거니까 ＿＿＿＿＿＿＿＿＿＿" 라며 걱정해 주는 친구들이 많았다. 나는 주위에서 뭐라고 하든 매일 좋은 재료로 정성껏 음식을 준비해 손님을 맞이했다. 그렇게 열심히 한 결과 지금은 맛집으로 소문이 나서 매일 문을 ＿＿＿＿＿＿ 자리가 다 찬다.

11. 다음 대화문을 읽고 질문에 답하십시오.

나미: 정란아, 저기 백화점이 문을 열기가 무섭게 사람들이 ① ＿＿＿＿＿＿,
　　　무슨 일이지?

정란: 뻔하잖아. 내일이 크리스마스니까 선물을 사려고 하는 사람들이 많은
　　　거지.

나미: 내일이 크리스마스구나. 그럼 우리도 한 번 들어가 보자.

정란: 저 화장품 매장에서는 산타클로스가 손님들에게 선물을 나눠주고 있
　　　어. 근데 나미야, 산타클로스는 왜 항상 ② ＿＿＿＿＿＿ 옷을 입고 하얀
　　　수염을 기르고 있는지 궁금하지 않아?

나미: 책에서 봤는데 한 유명한 음료 회사가 겨울 광고에 그런 모습의 산타
　　　를 ③ ＿＿＿＿＿＿으로 등장시키면서 지금의 이미지로 ④ ＿＿＿＿＿＿고
　　　하더라고.

정란: 아, 그 광고 본 적이 있는데 ⑤ ＿＿＿＿＿＿ 이미지의 산타클로스가 뭔
　　　가를 마시는 걸 보면서 나도 한번 마셔 보고 싶다는 생각이 들었어.

나미: 맞아. 바로 그 광고가 소비자의 (가) <u>시선을 끌면서</u> 광고 속에 등장하
　　　는 음료도 예상을 훨씬 뛰어넘는 매출을 올렸대.

정란: 정말 광고도 음료도 대성공이었구나. 근데 우리도 　(나)　 온 김에 화
　　　장품도 사고 산타클로스한테 선물도 받자.

나미: 너도 저 화장품 매장의 판매 전략에 ⑥ ＿＿＿＿＿＿ 것 같네. 필요하지
　　　않아도 사는 거, 그거 충동구매잖아.

(1) ①~⑥에 알맞은 단어를 골라 넣어 대화문을 완성하십시오.

| 반복적 | 붉다 | 고정되다 | 넘어가다 | 친근하다 | 몰려들다 |

(2) 윗글의 (가)와 바꿔 쓸 수 있는 것을 고르십시오.
　　① 관심을 받게 되면서　　　　　③ 눈빛을 끌면서
　　② 미움을 받으면서　　　　　　④ 마음이 끌리면서

(3) 윗글의 (나)에 들어갈 부사로 알맞은 것을 고르십시오.
　　① 차라리　　　② 좀처럼　　　③ 이왕　　　④ 억지로

著者紹介

●新大久保語学院（しんおおくぼごがくいん）
2002年6月設立の韓国語専門の学校。2022年9月現在、新大久保校、新橋校、渋谷校、池袋校、横浜校で約1,300余名の生徒が韓国語を学んでいる。韓国語教材の執筆や韓国語動画通信講座などに積極的に取り組んでいる。

●李志暎（イ・ジヨン）
韓国・ソウル生まれ。韓国外国語大学校教育大学院・東京学芸大学大学院で日本語教育の修士課程を卒業。お茶の水女子大学大学院博士後期課程単位取得。明治学院大学非常勤講師、新大久保語学院講師。
著書：『できる韓国語 初級Ⅰ』（DEKIRU出版）、『同 初級Ⅱ』『同 中級Ⅰ』『同 中級Ⅱ』（以上共著、DEKIRU出版）、『短いフレーズでかんたんマスター韓国語』（新星出版社）など。

●景英淑（ギョン・ヨンスク）
韓国・慶尚北道生まれ。早稲田大学大学院文学研究科芸術学（演劇・映像）博士課程修了（文学博士）。現在、戸田中央看護学校、新大久保語学院の非常勤講師として英語と韓国語の指導を行っている。
著書：『できる韓国語 初級リスニング』（共著、DEKIRU出版）、『サミュエル・ベケット！ ―これからの批評―』（共著、水声社）

●本文イラスト：成賢昣
● DTP：萩原印刷株式会社

できる韓国語中級Ⅱ　ワークブック

2020年3月25日　初版第1刷発行
2022年9月30日　初版第2刷発行

著　　者　李志暎・景英淑
発 行 者　李承珉
発 行 所　DEKIRU出版
〒169-0073　東京都新宿区百人町2-4-6
メイト新宿ビル3F
電話　03-5937-0909
URL　https://www.shin-gogaku.com
発　　売　株式会社アスク
〒162-8558　東京都新宿区下宮比町2-6
電話　03-3267-6864
印刷製本　萩原印刷株式会社

ISBN978-4-86639-327-8

✳✳「できる韓国語　中級Ⅱ（改訂版）」重要文型 62 ✳✳

・文型の提示順は、「가나다」順にしてあります。

・自信がない文型は□にチェックを入れて何度も復習してください。

・右の括弧の「〇課 p.〜」は教科書「できる韓国語　中級Ⅱ（改訂版）」の該当ページを表します。

1. -고 나서 　　　　　　　　　　　　　　　　　　　　（3 課 p.36）

□ 엄마, 지금 하는 만화만 **보고 나서** 숙제하면 안 돼?

　（ママ、今やっているアニメだけ見てから宿題しちゃだめ？）

2. -고자 　　　　　　　　　　　　　　　　　　　　　（16 課 p.168）

□ 어렸을 때는 의사가 **되고자** 했지만, 지금은 평범한 회사원이다.

　（小さい頃には医者になろうと思っていたが、今は平凡な会社員だ。）

3. -곤 하다 　　　　　　　　　　　　　　　　　　　　（19 課 p.198）

□ 어머니께서 만들어 주신 요리가 먹고 싶어지면 한국 식당에 **가곤 해요**.

　（母の手料理が食べたくなったら、韓国食堂に行ったりしています。）

4. -기(를) 바라다 　　　　　　　　　　　　　　　　　（16 課 p.172）

□ 빨리 **나으시길 바랄게요**.

　（はやく元気になられますよう、お祈りします。）

5. -기/게 마련이다 　　　　　　　　　　　　　　　　（15 課 p.156）

□ 아무리 좋아하는 음식이라도 매일 먹으면 **질리기 마련이에요**.

　（いくら好きな食べ物であっても、毎日食べると飽きるものです。）

6. -기가 무섭게 　　　　　　　　　　　　　　　　　　（20 課 p.212）

□ 배우들이 무대에 **등장하기가 무섭게** 팬들이 환호했습니다.

　（俳優たちが舞台に登場したとたん、ファンが歓声をあげました。）

7. -기는커녕 　　　　　　　　　　　　　　　　　　　（16 課 p.172）

□ 파마를 했는데 **예쁘기는커녕** 오히려 나이 들어 보여.

　（パーマをかけたのに可愛いどころか、むしろ老けて見える。）

8. －기에 (2課 p.22)

☐ 지금은 **전화하기에** 너무 늦었어요.

(今は電話をするには遅すぎます。)

9. －길래/기에 (2課 p.22)

☐ 동생이 방문을 열어 놓고 **자길래** (내가) 닫아 주었어요.

(弟が部屋のドアを開けたまま寝ていたので、閉めてあげました。)

10. －(ㄴ/는)다(고) 치다 (12課 p.130)

☐ 동생이 아무리 **잘못했다고 치더라고** 욕을 하면 안 되지.

(弟がいくら悪いことをしたとしても、悪口を言ってはだめでしょう。)

11. －(ㄴ/는)다길래 (2課 p.26)

☐ 엄마가 한국 여행을 **간다길래** 같이 가기로 했어요.

(母が韓国旅行に行くと聞いて、一緒に行くことにしました。)

12. －(ㄴ/는)다는 말이다

☐ (1) 겨우 이 일을 하는 데 한 달이나 **걸린다는 말이에요**? (17課 p.182)

(たかがこれくらいのことをするのに、ひと月もかかるということですか。)

☐ (2) 천만 원이나 **빌려 달라는 말이에요**? (17課 p.182)

(一千万ウォンも貸してということですか。)

13. －(ㄴ/는)다면 (3課 p.32)

☐ 만약 초능력을 **가질 수 있다면** 순간이동 능력을 갖고 싶어요.

(もし、超能力が持てるなら、瞬間移動の能力がほしいです。)

14. －(ㄴ/는)다면서 (8課 p.88)

☐ 동생은 밥을 먹자마자 약속이 **있다면서** 나갔다.

(妹はご飯を食べるやいなや、約束があると言って出かけた。)

15. －는 데 (6課 p.64)

☐ 회사까지 **가는 데** 한 시간 넘게 걸려요.

(会社まで行くのに1時間以上かかります。)

2

16. −다가는 (13 課 p.136)

☐ 너희들, 이렇게 **떠들다가는** 선생님한테 혼난다.

（お前たち、こんなに<u>騒いでいると</u>、先生に怒られるぞ。）

17. −다(가) 보니까 (13 課 p.136)

☐ 녹즙을 꾸준히 **마시다 보니까** 건강해졌어요.

（青汁を続けて<u>飲んでいたら</u>、健康になりました。）

18. −다(가) 보면 (13 課 p.136)

☐ 녹즙을 꾸준히 **마시다 보면** 건강해질 거예요.

（青汁を続けて<u>飲んでいると</u>健康になるでしょう。）

19. −다시피 (4 課 p.46)

☐ 자료에서도 **보셨다시피** 지구온난화 현상이 가속화되고 있습니다.

（資料でも<u>ご覧になったように</u>、地球温暖化現象が加速化しています。）

20. −다시피 하다 (4 課 p.46)

☐ 선생님은 연구실에서 **살다시피 했다**.

（先生は研究室でほとんど<u>暮らすようにしていた</u>。）

21. −답다 (9 課 p.126)

☐ 역시 세계적인 **모델답게** 자기 관리가 철저하네요.

（世界的な<u>モデルらしく</u>、さすがに自己管理が徹底していますね。）

22. −더니

☐ (1) 아침에는 비가 많이 **오더니** 지금은 안 오네요. (6 課 p.68)

（朝は雨がたくさん<u>降ったんですが</u>、今は降っていませんね。）

☐ (2) 동료가 밤을 새워서 **일하더니** 과로로 쓰러졌어요. (6 課 p.68)

（同僚が徹夜して<u>働いたために</u>過労で倒れました。）

☐ (3) 바람이 **불더니** 갑자기 비가 오기 시작했어요. (6 課 p.68)

（<u>風が吹いて</u>急に雨が降ってきました。）

23. **−더라도** (9課 p.98)

☐ 몇 년이 **걸리더라도** 저는 끝까지 해 볼 생각입니다.

　(何年<u>かかるとしても</u>私は最後までやるつもりです。)

24. **−더러** (13課 p.140)

☐ 삼촌이 **나더러** 몇 살이냐고 물었어요.

　(叔父さんが<u>私に</u>いくつになったかと聞きました。)

25. **−도록**

☐ (1) 독감에 **걸리지 않도록** 예방접종을 했어요. (1課 p.16)

　　(インフルエンザに<u>かからないように</u>予防接種をしました。)

☐ (2) 딸이 12시가 **넘도록** 안 들어왔다. (1課 p.16)

　　(娘が12時<u>過ぎるまで</u>帰って来なかった。)

26. **−듯(이)** (14課 p.150)

☐ **밥 먹듯이** 거짓말을 한다.

　(ご飯を<u>食べるように</u>（頻繁に）うそをつく。)

27. **−롭다** (9課 p.129)

☐ 활짝 핀 장미꽃이 **향기롭네요**.

　(満開のバラが<u>香り豊か</u>ですね。)

28. **−스럽다** (9課 p.126)

☐ 누가 뭐라고 해도 넌 우리의 **자랑스러운** 딸이다.

　(誰が何と言おうが、あなたは<u>誇らしい</u>うちの娘だ。)

29. **−아/어 두다** (4課 p.42)

☐ 회의 날짜를 잊어버리지 않도록 달력에 **체크해 두세요**.

　(会議の日にちを忘れないように、カレンダーに<u>チェックしておいてください</u>。)

30. **−아/어 내다** (14課 p.146)

☐ 그는 어려운 생활을 끈기 있게 **견뎌 냈다**.

　(彼はつらい生活に根気よく<u>耐え抜いた</u>。)

31. -아/어다(가)

☐ (1) 슈퍼에서 삼겹살을 **사다가** 마당에서 구워 먹었어요.　　　（7課 p.74）
（スーパーでサムギョプサルを買って庭で焼いて食べました。）

☐ (2) 친구를 공항까지 **바래다주었어요**.　　　（7課 p.74）
（友達を空港まで送りました。）

32. -아/어서 그런지　　　（4課 p.46）

☐ **너무 많이 먹어서 그런지** 속이 안 좋아요.
（食べ過ぎたからなのか、お腹が苦しいです。）

33. -았/었더라면　　　（9課 p.94）

☐ 오늘은 양복을 **입었더라면** 더 좋았을 텐데.
（今日はスーツを着ていたらもっとよかったのに。）

34. -았/었으면 -았/었을 텐데(요)　　　（15課 p.160）

☐ 과장님도 송별회에 **오셨으면 좋았을 텐데**.
（課長も送別会にいらしたらよかったのに。）

35. -에 불과하다　　　（9課 p.94）

☐ 그 사람의 말은 한낱 **변명에 불과했어요**.
（その人の話は単なる弁明に過ぎませんでした。）

36. -에다(가)

☐ (1) **고향에다가** 소포를 부쳤어요.　　　（7課 p.74）
（故郷に小包を送りました。）

☐ (2) 생일 선물로 **목걸이에다가** 꽃다발까지 받았어요.　　　（18課 p.188）
（誕生日のプレゼントでネックレスに花束ももらいました。）

37. -(으)ㄴ/는/(으)ㄹ 듯하다　　　（14課 p.150）

☐ 비가 **그친 듯해서** 창문을 열어 봤어요.
（雨が止んだようなので、窓を開けてみました。）

38. -(으)ㄴ/는 데다가 (18 課 p.188)

□ 쌀뜨물로 찌개를 끓이면 영양가가 **높아지는 데다가** 맛도 깊어진다.

(米のとぎ汁でチゲを作ると、栄養価が高くなる上に味も深くなる。)

39. -(으)ㄴ/는데도 불구하고 (5 課 p.52)

□ 내가 그렇게 **사과를 했는데도 불구하고** 누나는 계속 화를 냈다.

(僕があんなに謝ったにもかかわらず姉はずっと怒っていた。)

40. -(으)ㄴ/는 셈이다 (17 課 p.178)

□ 일주일에 다섯 번은 운동을 하니까 거의 매일 **운동하는 셈이다**.

(週5回は運動するので、ほぼ毎日運動することと同じだ。)

41. -(으)ㄴ/는 척하다 (9 課 p.98)

□ 외출하고 돌아온 엄마가 방에 들어올 것 같아서 **공부하는 척했다**.

(外出先から帰ってきたお母さんが部屋に入ってきそうだったので勉強しているふりをした。)

42. -(으)나 마나 (20 課 p.208)

□ **기다리나 마나** 그 사람은 안 올 게 뻔해요.

(待つまでもなく、その人は来ないに決まってますよ。)

43. -(으)ㄹ까 봐서 (13 課 p.140)

□ 차를 놓치는 바람에 회사에 **늦을까 봐서** 조마조마했어요.

(電車に乗り遅れたので、会社に遅れないかと心配で、はらはらしました。)

44. -(으)ㄹ걸 (그랬다) (18 課 p.192)

□ 동창회가 그렇게 재미있을 줄 알았으면 나도 **갈걸 그랬다**.

(同窓会がそんなに楽しかったなら、私も行けばよかった。)

45. -(으)ㄹ걸(요) (18 課 p.192)

□ 지금 치료를 하지 않으면 나중에 더 **아플걸요**.

(今治療をしないと、後でもっと痛くなると思いますよ。)

46. −(으)ㄹ 게 뻔하다 (20 課 p.208)

□ 상대 팀이 워낙 강해서 이 시합은 **질 게 뻔해요**.

（相手のチームがあまりにも強いので、今回の試合は<u>負けるに決まっています</u>。）

47. −(으)ㄹ 따름이다 (14 課 p.146)

□ 저는 그저 해야할 일을 **할 따름입니다**.

（私はただするべきことを<u>するだけです</u>。）

48. −(으)ㄹ래야 −(으)ㄹ 수 없다 (7 課 p.78)

□ 부모와 자식 간의 관계는 **뗄래야 뗄 수 없다**.

（親子の関係は<u>引き離そうとしても引き離せない</u>。）

49. −(으)ㄹ 바에(야)

□ (1) 저런 사람과 **결혼할 바에야** 차라리 혼자 사는 게 낫겠어요. (5課 p.56)

（あんな人と<u>結婚するくらいなら</u>、むしろ一人で暮らすほうがましです。）

□ (2) 이왕에 사업을 **할 바에야** 크게 해 봅시다. (5課 p.56)

（どうせ事業を<u>やるからには</u>、大きくやってみましょう。）

50. −(으)ㄹ 텐데 (15 課 p.160)

□ 공항에 **도착했을 텐데** 아직 연락이 없네요.

（空港に<u>着いたはずなのに</u>、まだ連絡がないですね。）

51. −(으)려던 참이다 (19 課 p.202)

□ 저도 마침 점심을 **먹으려던 참이었어요**.

（私もちょうどお昼を<u>食べようとしていたところ</u>でした。）

52. −(으)려면 (3 課 p.36)

□ 한국어를 **잘하려면** 꾸준히 공부해야 한다.

（韓国語が<u>上手になるには</u>、コツコツと勉強しなければならない。）

53. −(으)ㅁ (4 課 p.42)

□ 다음 주 금요일은 수업 **없음**.

（来週の金曜日は授業なし。）

54. -(으)며 (1課 p.12)

☐ 서울은 한국의 **수도이며** 경제의 중심도시입니다.

（ソウルは韓国の<u>首都であり</u>、経済の中心都市です。）

55. -(으)면서(도) (8課 p.88)

☐ 언니는 헤어진 남자 친구를 **미워하면서도** 보고 싶어한다.

（姉は、別れた彼を<u>憎みながらも</u>会いたがっている。）

56. -(으)므로 (15課 p.156)

☐ 미세먼지의 문제가 **심각하므로** 이에 맞는 대책을 세워야 한다.

（PM2.5の問題が<u>深刻であるため</u>、これに応じた対策を立てなければならない。）

57. -은/는커녕 (16課 p.172)

☐ **취직은커녕** 졸업도 못 할 것 같아요.

（<u>就職どころか</u>、卒業もできないかもしれません。）

58. -을/를 비롯하여 (19課 p.198)

☐ 한국에는 **설악산을 비롯하여** 아름다운 자연을 볼 수 있는 곳이 많다.

（韓国には<u>雪嶽山を始め</u>、美しい自然が見られる所が多い。）

59. -(이)나 다름없다 (17課 p.178)

☐ 한국에서 30년째 살고 있는 브라운 씨는 이제 **한국 사람이나 다름없다.**

（韓国で30年間暮らしているブラウンさんは、もう<u>韓国人と変わらない</u>。）

60. -(이)야말로 (5課 p.52)

☐ 상대방의 이야기를 잘 **들어 주는 것이야말로** 가장 좋은 상담이다.

（相手の話をよく<u>聞くことこそ</u>、最も良い相談だ。）

61. -치고

☐ (1) 그 작가 **작품치고** 유명하지 않은 게 없어요. (12課 p.130)

（あの作家の作品で、有名でないものはありません。）

☐ (2) **장마철치고는** 비가 별로 안 오네요. (12課 p.130)

（<u>梅雨の時期にしては</u>あまり雨が降らないですね。）

62. **피동**

□ (1) 범인이 결찰에게 **잡혔다**. (8課 p.84)
　　(犯人が警察に捕まった。)

□ (2) 화면이 자동으로 **꺼졌어요**. (8課 p.84)
　　(画面が自動で消えました。)

❊❊ 「できる韓国語　中級Ⅱ (改訂版) ワークブック」解答 ❊❊

□ 文末表現は、主に「−아/어요」体にして表記しました。

□ 解答に提示してないほかの類似表現や文型なども、答えになる場合があります。

● 第1課 (p.6)

1. (1) 안개　(2) 바람　(3) 개겠습니다.　(4) 습도　(5) 천둥 번개

2. ① 일교차　② 황사　③ 집중호우　④ 열대야　⑤ 선선하며　⑥ 식욕의 계절
   ⑦ 영하　　⑧ 삼한사온

3. (1) 건조하다 ── ⓜ 수분이 아주 적거나 없다

   (2) 청명하다 ── ⓒ 날씨가 맑고, 하늘이 파랗고 깨끗하다

   (3) 울긋불긋하다 ── ㉠ 여러 색으로 물들다

   (4) 개운하다 ── ⓔ 몸이 가볍거나 기분이 상쾌하다

   (5) 만발하다 ── ⓗ 많은 꽃들이 활짝 피다

   (6) 날씨가 풀리다 ── ⓛ 추위가 약해지면서 포근해지다

4. (1) 더　(2) 덜　(3) 더　(4) 덜　(5) 덜/더

5. (1) 담그고　(2) 시킨다.　(3) 식혀야겠어요.　(4) 쉬었어요.　(5) 되지 않도록

6. (1) 화면도 크며 기능도 다양합니다.

   (2) 수학 선생님이며 저희 동아리 담당 선생님이십니다.

   (3) 춥겠으며 눈도 많이 오겠습니다.

   (4) 지난번보다 10% 이상 올랐으며 특히 20대 투표 참가율이 높게 나타났습니다.

   (5) 몸을 따뜻하게 해 주며 감기에도 좋습니다.

   (6) 어순이 비슷하며 발음이 비슷한 단어도 많습니다.

7. (1) 모레까지 내도록 하세요.　　(2) 일어나지 않도록 수분을 충분히 섭취하세요.

   (3) 자도록 해라.　　　　　　　(4) 지각을 하지 않도록 하세요.

   (5) 연락을 하도록 하겠습니다.　(6) 참석하도록 하십시오.

   (7) 담배를 피우지 않도록 하십시오. (또는, 금연하도록 하십시오.)

8. (1) 실수하지 않도록　(2) 늦지 않도록　(3) 젖지 않도록　(4) 잊어버리지 않도록

   (5) 미끄러지지 않도록　(6) 넘어지지 않도록

9. (1) 터지도록(또는, 쉬도록)　(2) 부러지도록　(3) 침이 마르도록　(4) 빠지도록

   (5) 넘도록

10. (1) ㉠ 37도이며　ⓛ 해치지 않도록

    (2) ④

    (3) ③

●**第 2 課**（p.12）

1. (1) 장인어른/장모님　(2) 시댁/친정　(3) 고모/삼촌　(4) 이모/외삼촌

　　(5) 며느리/사위　　(6) 사돈

2. (1) 워낙/어쩌면　(2) 도대체/도저히　(3) 워낙/제대로　(4) 어쩌다가/훨씬

　　(5) 워낙/어쩌면　(6) 제대로/워낙　(7) 도대체/도저히

3. (1) 익히다 – ㉣ 기술을 배워서 익숙해지거나 또는 음식에 열을 가하다

　　(2) 망가지다 – ㉠ 부서지거나 고장이 나서 상태가 안 좋아 못 쓰게 되다

　　(3) 쩔쩔매다 – ㉢ 어떤 사람 앞에서 약해지거나 또는 어떤 일이 어려워서 힘들어하

　　　　　　　　　　　다

　　(4) 곤란하다 – ㉤ 사정이 어렵고 힘들다

4. (1) 익힌 후에/익혀(서)　(2) 망가져서/망가졌다.　(3) 당황했다./당황했다.

　　(4) 쩔쩔맸다./쩔쩔맨다.

5. (1) 열렸길래(또는, 열려 있길래) / 열려 있으니까　(2) 구식이길래 / 구식이니까

　　(3) 떠들길래(또는, 하길래) / 떠드니까(또는, 하니까)

6. (1) (말)했길래　(2) 만들었길래　(3) 어렵길래　(4) 있었길래

7. (1) 매일 외식한다길래　(2) 렌즈를 끼지 말라길래

　　(3) 언제 오냐길래(또는, 언제 올 거냐길래)　(4) 술 한잔 하자길래

　　(5) 열쇠가 없다고 빨리 오라길래　(6) 도와 달라길래

8. (1) 먹고 싶다길래　　(2) 빌려 달라길래　　(3) 말을 놓자길래

　　(4) 배가 고프다길래　(5) 어디에 가냐길래　(6) 비가 내린다길래

9. (1) ①　(2) ②　(3) ②　(4) ②　(5) ①　(6) ②

10. (1) ① 어리둥절했어요.　② 호칭　③ 당황했겠어요.　④ 차리기에는　⑤ 워낙

　　(2) ①

　　(3) ③

●**第 3 課**（p.18）

1. (1) 모녀　(2) 찻잔　(3) 맛집　(4) 야식　(5) 엽전　(6) 명소

2.

(보기) 눈축제	㉠ 삼계탕을 먼저 꼽을 수 있다.
(1) 보양음식	㉡ 삿포로가 가장 가 볼 만하다.
(2) 가을	㉢ 물건 값이 저렴하다는 생각을 한다.
(3) 여행	㉣ 단풍이 떠오른다.
(4) 재래시장	㉤ 맛집이 빠질 수 없다.

　　(1) 보양음식 하면 삼계탕을 먼저 꼽을 수 있지요.

(2) 가을 하면 단풍이 떠오릅니다.

(3) 여행 하면 맛집이 빠질 수 없지요.

(4) 재래시장 하면 물건 값이 저렴하다는 생각을 합니다.

3. (1) 바로　(2) 여전히　(3) 이제　(4) 어쨌든

4. (1) 소박하지요./소박한　(2) 냉정하게/냉정하게　(3) 잘되고/잘되어

(4) 다가와서/다가오는

5. (1) 당첨될　(2) 드셨어요.　(3) 털어놓으면　(4) 겪은　(5) 다하겠습니다.

6. (1) ○　(2) ✕(어젯밤)　(3) ✕(나뭇잎)　(4) ○　(5) ✕(존댓말)

7. ① 타고 내릴　② 엽전　③ 돌아다니면서　④ 예술가　⑤ 한옥

8. ① 돌아간다면　② 된다면　③ 익혔다면　④ 가능하다면　⑤ 저라면

9. (1) 남자라면　(2) 돌면　(3) 피면　(4) 날 수 있다면　(5) 돌아간다면　(6) 되면

10. (1) 사려면 좀 기다렸다가 연말 세일 때 사면 어때요?

(2) 신청하려면 반드시 본인이 가야지요.

(3) 통화하시려면 오후에 다시 전화 주시겠어요?

(4) 가수로 데뷔하려면 오디션을 보는 게 어때요?

(5) 스키야키를 만들려면 소고기랑 양배추, 그리고 버섯과 대파가 있으면 돼요.

11. (1) 듣고 나니까　(2) 해 보고 나니까　(3) 읽고 나면　(4) 들어가고 나면

(5) 하고 나니까　(6) 흘리고 나면

12. (1) 시키고 나서 닫을게요.　　(2) 끝내고 나서 쓸까 해요.

(3) 알아보고 나서 예약하려고요.　(4) 다 먹고 나서 치워 주세요.

(5) 식히고 나서 계속 할 거예요.　(6) 볶고 나서 끓이면 돼요.

13. (1) ① 벗어나고 싶다면　② 찾아가려면　③ 원한다면　④ 만끽하고 나서

(2) ②

(3) ②, ④

●第 4 課 (p.24)

1. (1) 콩을 갈다　(2) 나물을 무치다　(3) 국물을 내다　(4) 칼로 썰다

(5) 숯불에 굽다　(6) 팥을 삶다

2. (1) 콩을 갈아서　(2) 숯불에 구운　(3) 국물을 내서　(4) 나물을 무쳐서

(5) 팥을 삶아서　(6) 칼로 썰어서

3. (1) 찍혀　(2) 손꼽혀요.　(3) 붙여졌어요.　(4) 쫄깃해요.　(5) 북적거려요.

4. (1) 귀한　(2) 굵는　(3) 적자　(4) 해로운　(5) 느끼하지

5. (1) 넣어 두세요.　(2) 꺼내 둬야겠어요.　(3) 예매해 뒀는데　(4) 해 두는

(5) 잡아 두도록　(6) 주문해 뒀으니까

6. (1) 같음을　(2) 빠져 있었음이　(3) 빚을 지고 있음이
   (4) 범죄를 저지른 것임이 (또는, 범죄를 저질렀음이)　(5) 범인임이

7. (1) 일이 많아서 그런지 자꾸 잊어버려요.
   (2) 먹어서 그런지 좀 좋아졌어요.
   (3) 먹어서 그런지 아직 배가 안 고파요.
   (4) 많아서 그런지 탄산음료가 자꾸 마시고 싶어져요.
   (5) 더워서 그런지 시내에 사람이 별로 없네요.
   (6) 있어서 그런지 비행기 표가 비싼 것 같아요. (또는, 열리니까 외국인이 많이 와
       서 그런지 비싸진 것 같아요)

8. (1) 오다시피 해요?　(2) 외우다시피 했어요.　(3) 새우다시피 해서
   (4) 먹다시피 해요.　(5) 쓰다시피 했어요.　(6) 살다시피 하면서
   (7) 굶다시피 했다고

9. (1) 보시다시피　(2) 아시다시피　(3) 들었다시피　(4) 짐작하셨다시피
   (5) 말씀드렸다시피　(6) 느끼셨다시피　(7) 알다시피

10. (1) 너도 알다시피 간접흡연이 몸에 더 해롭잖아.
    (2) 태풍 때문에 배송이 지연됐음을 알려 드립니다.
    (3) 독감으로 죽다시피 했는데 이제 다 나았어요.
    (4) 경험이 많아서 그런지 발표하는 게 익숙한 것 같아요.

11. ① 문양　② 잔칫날　③ 답례품　④ 속담　⑤ 일상생활

●第5課 (p.30)

1. (1) 수익금/수입　(2) 치유/치료　(3) 공감/감각　　(4) 기적/유적지
   (5) 생명/인생　(6) 인식/의식　(7) 심장병/심리학　(8) 재능 /능력
   (9) 발명품/발효　(10) 비영리/이자

2. (1) 중고차 (2) 연봉 (3) 후원 (4) 한약 (5) 지인 (6) 체온
   (7) 유기견 (8) 사자성어

3. (1) 띈다.　(2) 보게　(3) 따지기　(4) 든　(5) 태우지　(6) 담겨서

4. (1) 말렸어요. ── ㉫ 그만두게 하다
   (2) 공감해요. ── ㉠ 같은 생각이다
   (3) 탁월하게 ── ㉣ 뛰어나다
   (4) 가난한 ── ㉢ 경제적으로 힘들다
   (5) 견디고 ── ㉤ 참다

5. (1) 내내　(2) 점점　(3) 종종　(4) 술술　(5) 내내　(6) 술술

6. (1) 맨발로　(2) 맨바닥에　(3) 맨 앞　(4) 맨 아래　(5) 맨 끝

7. (1) 초밥이야말로　(2) 나가노야말로　(3) 친구야말로
   (4) 자연을 보호하는 일이야말로(또는, 자연보호야말로)

8. (1) 보냈는데도 (불구하고) 답장이 없으시네요.
   (2) 다녔는데도 (불구하고) 전혀 안 늘었어.
   (3) 맛있는데도 (불구하고) 손님이 없어요.
   (4) 오래된 집인데도 / 또는, 새집이 아닌데도 (불구하고) 비싸네요.
   (5) 말렸는데도 (불구하고) 결국 가더라고요.
   (6) 바쁘신데도 (불구하고) 공항까지 나와 주셔서

9. (1) 담배 연기로 가득 찬 카페에서 커피를 마실 바에야 / 마시느니 공원 벤치에서
      마시는
   (2) 피아노를 좁은 집에 둘 바에야 / 두느니 필요한 사람에게 주는
   (3) 딸에게 설거지를 시킬 바에야 / 시키느니 내가 하는
   (4) 김빠진 콜라를 마실 바에야 / 마시느니 그냥 물을 마시는
   (5) 매달 비싼 수수료를 낼 바에야 / 내느니 조금 부담스러워도 일시불로 사는

10. (1) 만들 바에야 제대로 준비해서 예쁘게 만들어야지.
    (2) 짤 바에야 전문가랑 상의해서 짜 보세요.
    (3) 살 바에 가방이랑 구두까지 세트로 장만하세요.
    (4) 시험을 볼 바에야 열심히 준비해서 한번 해 봐.

●第6課 (p.36)
1. (1) 감자칼로　(2) 주걱으로　(3) 수세미로　(4) 행주로　(5) 믹서에
2. (1) 쏟아지는/쏟아지는　(2) 파악하는/파악하고　(3) 조정했다./조정하는
   (4) 폭넓은/폭넓게
3. (1) (가) 자율주행차　① 스스로　(2) (나) 사물인터넷　②가전제품
   (3) (다) 인공지능　③ 대결　　(4) (라) 스마트폰
   (5) (마) 반려 로봇　④ 동물　　(6) (바) SNS　⑤ 연결
4. (1) 하는 데　(2) 늘어나는 데(또는, 느는 데)　(3) 장만하는 데　(4) 끝내는 데
5. (1) 가: (키우는 데 / 키우는데)　　나: (하는 데 / 하는데)
   (2) 가: (만드는 데 / 만드는데)　　나: (좋아하는 데 / 좋아하는데)
   (3) 가: (봤는 데 / 봤는데)　　　나: (무서워지는 데요 / 무서워지는데요)
   (4) 가: (있는 데 / 있는데)　　　나: (돕는 데 / 돕는데)
   (5) 가: (보관하는 데 / 보관하는데)　나: (보관하는 데 / 보관하는데)
6. ②, ④, ⑤
7. (1) 좋더니(또는, 뛰어나더니) 어른이 돼서 화가가 됐구나.

(2) 만화책을 보더니(또는, 읽더니) 결국 늦잠을 잤구나.

(3) 눈이 오더니 도로가 막히네요.

(4) 배우더니 김치 냉장고를 사셨어요.

(5) 발전하더니(또는, 발달하더니) 이제는 말하는 로봇까지 나왔어요.

8. (1) 사용하더니(또는, 이용하더니) 요즘은 인터넷 사전을 사용하네요. / 공부하기에는 종이 사전이 좋다더니

(2) 좋아하더니(또는, 잘 먹더니) 요즘에는 안 좋아하네요. / 치즈 케이크를 좋아한다더니

(3) 못하더니(또는, 모르더니) 이제는 잘하시네요. / 한국어를 잘 못한다더니

(4) 싫어하더니(또는, 무서워하더니) 요즘에는 좋아하네요. (또는, 잘 보네요.) / 공포 영화는 싫다더니

9. ① 놓더니　② 했더니(또는, 말했더니)　③ 꺼내더니

④ 취직하더니(또는, 들어가더니)

10. (1) 대중화가 되는 데　(2) 게임만 하더니　(3) 전공하더니

(4) 행복하게 사는 데　(5) 양파즙을 먹었더니

●第 7 課 （p.42）

1. (1) 한옥　(2) 지붕　(3) 사랑채/안채　(4) 마루　(5) 장독대　(6) 창호지

2. (1) 관습 ── 옛날부터 전해 내려온 사회의 풍습

(2) 지출 ── 돈이 나가는 것. '수입'의 반대말

(3) 지면 ── 땅바닥

(4) 공간 ── 아무것도 없는 빈 곳

(5) 평상 ── 마당에 놓는 테이블로 나무로 만들어진 것

(6) 나머지 ── 어떤 목적에 쓰이고 남은 부분

(7) 살림 ── 집안에서 쓰는 여러 물건 또는 가계를 관리하는 일

3. (1) 저리네요.　(2) 뗄래야 뗄　(3) 보존되어 있어요.　(4) 반영해서

(5) 시었어요.　(6) 말린

4. (1) ㉃ 여기다　(2) ㉤ 낡다　(3) ㉠ 개조하다　(4) ㉣ 지저분하다

(5) ㉢ 절판되다　(6) ㉥ 청결하다

5. ① 턴다.　② 돌린다.　③ 닦는다.　④ 쓸고　⑤ 손질한다.

6. (1) 사다가 부침개를(또는, 호박전을) 만들었어요.

(2) 깎아다가 (접시에 담아서) 식탁에 놓았어요.

(3) 꺼내다가 아이에게 먹였어요.

(4) 뽑아다가 동료에게 주었어요.

(5) 찾아다가 수업료를 냈어요.

7. (1) 집까지 바래다주었어요.　　(2) 병원에 모셔다드렸어요.

　　(3) 도쿄역까지 태워다 주었어요.

8. (1) 벽에다 붙였어요.　　　　(2) 종이에다 푸세요.　　(3) 발톱에다도 바르면

　　(4) 여러 회사에다 보냈어요.　　(5) 부모님 집에다가 돈을 보냈어요.

　　(6) 은행에다가 물어봤어요.　　(7) 치킨집에다가 전화를 했는데

9. (1) 걷다가 → 걸어다가　　(2) 옆에다 → 옆에　　(3) 친구에다가 → 친구에게

　　(4) 먹어다가 → 먹다가　　(5) 데려다주고 → 모셔다드리고

10. ① 쓸 수 없었고　　　　　　　② 잘래야 잘 수 없었다.

　　③ 안 마실래야 안 마실 수 없었는데　④ 잊을래야 잊을 수 없을

11. (1) 바래다줘서　　(2) 할래야 할 수가 없어요.　　(3) 꽃병에다가

　　(4) 가져다가　　(5) 쉴래야 쉴 수가 없어요.

　　(6) 냉장고에다가 / 꺼내다가 먹어(라). / 깎아다가 드려(라).

　　(7) 할래야 할 수가 없어. / 빌려다가

●第8課（p.48）

1. (1) 연근　(2) 화장솜　(3) 물통　(4) 약통　(5) 압축팩

2. (1) 쌀뜨물　(2) 미지근한　(3) 불평　(4) 냉동실　(5) 보습　(6) 상의　(7) 칫솔

3. (1) ㉄ 분실하다　(2) ㉠ 손상되다　(3) ㉣ 광택이 나다　(4) ㉅ 부려 먹다

　　(5) ㉢ 묶다　　　　(6) ㉤ 막다　　　(7) ㉆ 마련하다

4. (1) 머리를 헹궈요.　　(2) 올이 나갔어요.　　(3) 자리를 차지해요.

　　(4) 손이 안 닿아요.　　(5) 끌고 가요.(또는, 이 가방은 끌 수 있어요)

5. (1) 이/을　(2) 가/를　(3) 을/이　(4) 이/을　(5) 을/이　(6) 을/이(또는, 을)

6. (1) 닫힌　(2) 잡혔대요.　(3) 끊기는　(4) 쌓였어요.　(5) 잠기는데

7. ① 켜지더니　② 지워지는　③ 쏟아지고　④ 깨졌다.　⑤ 지어진　⑥ 써질지

8. (1) 케이크를 먹었으면서도　(2) 돈이 없으면서도　(3) 선물을 받아서 기쁘면서도

　　(4) 안 아프면서도 (또는, 아프지 않으면서도)

9. (1) ① 주목받고　② 칭찬받을

　　(2) ① 차별당하는　② 체포당한

　　(3) ① 개최됩니다.　② 건설되며　③ 공개될

10. (1) 바르라면서　(2) 꿨다면서 (또는, 꾸었다면서)　(3) 사 달라면서

　　(4) 닦으라면서

11. (1) ① 빠뜨리는　② 작성해　③ 깨질　④ 대비해서　⑤ 유용하게

　　(2) ②

●第9課 （p.54）

1. (1) 전쟁 (2) 파괴 (3) 혼란 (4) 생사 (5) 내전 (6) 피난 (7) 군사
   (8) 기아 (9) 고아 (10) 미망인 (11) 난민 (12) 이산가족

2. (1) 뜰 (2) 만만치 않았어요. (3) 대지 (4) 아닙니다.
   (5) 길어서(또는, 길어다가) (6) 맺어진

3. (1) 증가율 (2) 합격률 (3) 시청률 (4) 출산율 (5) 생산량 (6) 강우량
   (7) 쌀의 양 (8) 질과 양

4. (1) 한낱 (2) 또한 (3) 왠지 (4) 비록 (5) 아무튼

5. (1) 혼란하다 ——— ㉠ 오고 가고 하다
   (2) 왕래하다 ——— ㉡ 질서가 없고 안정되어 있지 않다
   (3) 너그럽다 ——— ㉢ 마음이 기쁨으로 가득 차다
   (4) 환호하다 ——— ㉣ 마음이 넓어서 잘 이해해 주다
   (5) 뿌듯하다 ——— ㉤ 기뻐서 큰 소리를 지르다

6. ① 수명 ② 영양실조 ③ 식수 ④ 오염 ⑤ 지하수

7. (1) 탔더라면 (2) 없었더라면 (3) 발랐더라면 (또는, 가지고 왔더라면)
   (4) 준비 안 했더라면 레스토랑에서 많이 기다렸을 거예요.
   (5) 가지고 왔더라면 좀 더 편하게 앉을 수 있었을 거예요.

8. (1) 숫자에 불과해요. (2) 점은 미신에 불과해. (3) 그건 소문에 불과해.
   (4) 그건 변명에 불과해.

9. (1) 이사 가더라도 (2) 피곤하더라도 (3) 멀더라도
   (4) 네, 기다리더라도 괜찮아요. (5) 왔더라도 가게에 못 들어갔겠네.

10. (1) 아픈 척하는 (2) 없는 척하고 (3) 못 본 척했다는 말이야? (4) 취한 척하고
    (5) 친한 척 해.

11. (1) 10분만 늦었더라면 막차를 놓쳤을 거예요.
    (2) 새 구두를 안 신었더라면 발이 안 부었을 거예요.
    (3) 이 학교의 학생 수는 겨우 30명에 불과합니다.
    (4) 비용이 아무리 들더라도 결혼식은 하와이에서 올리고 싶어요.
    (5) 남동생이 나를 불렀는데 귀찮아서 못 들은 척했어요.

12. ① 감기에 불과하니까 ② 가더라도 ③ 안 아픈 척 했다. ④ 쉬었더라면

13. (1) 멈추더니 / 보냈더니 / 늦더라도
    (2) 했더니 / 다가오더니 / 숙박하더라도 / 예약했더라면
    (3) 걸었더니 / 지치더라고요 / 저였더라면 / 했더라면
    (4) 나오더라고요 / 안 일어났더라면 / 있더라도

●第 10 課 (p.60)

1. (1) ② (2) ② (3) ② (4) ② (5) ①

2. (1) 강좌를 (2) 사회자는 (3) 존재가 (4) 계기가 (5) 뇌물을 (6) 연령층이

3. (1) 생생하게 (2) 확대됐다. (3) 소통하려고 (4) 응답해 (5) 되살리는
   (6) 헛되고

4. (1) ② (2) ① × ② × ③ ○
   (3) ① 호감 ② 풍부하다 ③ 유창하다
   (4) 김 부장의 집을 방문한 것이 직접적인 계기가 되었다.

5. (1) ③ (2) ② (3) ③ (4) ③

6. (1) 이 글은 (외국인 관광객)을 대상으로 그들이 좋아하는 (한국 음식)에 대해서 조
   사한 것입니다.
   (2) ②
   (3) ③
   (4) ① 외국에 살고 있는 한국인 → 외국인 관광객
   ② 맵지 않은 → 매운
   ③ 고기 → 채소
   ④ 맵지 않은 음식보다 매운 음식 → 매운 음식보다 맵지 않은 음식

●第 11 課 (p.66)

1. (1) 일석이조 (2) 동문서답 (3) 칠전팔기 (4) 천하태평 (5) 심사숙고
   (6) 팔방미인 (7) 속수무책 (8) 함흥차사

2. (1) 유래 (2) 절약 (3) 신상품 (4) 탈 (5) 근심 (6) 표시 (7) 항구

3. (1) 망쳤어요. (2) 엉뚱한 (3) 길들이려면 (4) 지쳤어요. (5) 어겼다.
   (6) 느긋하다. (7) 거듭한

4. (1) 되어서 / 됐다. (2) 없을 / 없이 (3) 먹어서 / 먹고 (4) 넓어서 / 넓어서

5. (1) 천하태평 (2) 함흥차사 (3) 동문서답 (4) 칠전팔기 (5) 일석이조

6. (1) 손이 큰 (2) 삼천포로 빠지는 (3) 발이 넓어서 / 오지랖이 넓은
   (4) 바람을 맞은 / 시치미를 떼는

7. (1) 등잔 밑이 어둡다더니 (2) 시작이 반이라고 (3) 쇠귀에 경 읽기야.
   (4) 호랑이도 제 말 하면 온다더니

8. (1) 미역국을 먹었어요. (2) 화장이 안 먹네. (3) 골탕을 먹었어요.
   (4) 더위를 먹었는지 (5) 애를 먹었어요. (6) 겁을 먹었는지

9. (1) 동분서주 / 눈코 뜰 새 없이 (2) 팔방미인 / 눈이 높아서 / 신신당부
   (3) 산통이 깨진 / 자포자기 (4) 바가지를 쓴 / 설상가상

18

●第12課 （p.72）

1.

				(1)따	(2)다		(5)평	(6)화	
(9)취	(10)향				례			려	
	(11)기	(12)대		(3)배				하	
	장		(4)탈	춤		(7)얼	다		
				(8)과	음				
(13)무	(14)승	부					(15)팔	짱	
	딪						리		
	히		(16)홍	보	하	다			
	다		색						

2. (1) 묻혔다.　(2) 깼다.　(3) 굽혔다.　(4) 고였다.　(5) 떴다.

3. (1) 우린　(2) 든든하네요.　(3) 조숙해　(4) 승부가 났다고　(5) 평판이 좋다.
   (6) 참여할

4. (1) 의심스러워요.　(2) 부담스러워요.　　(3) 통역사답게　(4) 변덕스러워요?
   (5) 축구팀답게　　(6) 실망스러웠어요.　(7) 정성스럽게

5. (1) 가: 향기로운　나: 여유로운
   (2) 가: 갑작스럽게　나: 흥미로운
   (3) 가: 믿음직스러워요.　나: 자랑스러워요.
   (4) 가: 고급스러워　나: 신비로운
   (5) 가: 고풍스러운　나: 사랑스러워요.
   (6) 가: 부담스럽지　나: 정성스럽게

6. (1) 자연스럽게 / 정말 자랑스럽구나.
   (2) 너답지 않게 숙제를 안 했구나.
   (3) 장미꽃이 정말 예쁘고 향기로워.
   (4) 이렇게 명예로운 상을 받게 되어 영광입니다.
   (5) 앞으로 여유롭게 여행도 다니고 하고 싶었던 것도 해요.
   (6) 너무 갑작스러워서 그러는데 이유를 알 수 있을까요?

7. (1) 때운다고 치고　(2) 줬다고 치고　(3) 번다고 치면　(4) 말했다고 치더라도

8. (1) 싼 물건치고 오래 쓸 수 있는 물건은 별로 없다.
   (2) 바닷가 근처에 사는 사람치고 수영을 못하는 사람은 별로 없다.

(3) 동물을 좋아하는 사람치고 착하지 않은 사람은 거의 없다. (또는, 동물을 좋아
하는 사람치고 나쁜 사람은 거의 없다)

9. (1) 이건 싼 물건치고 질이 좋아.
   (2) 그 사람은 패션모델치고 키가 작은 편이에요.
   (3) 그 사람은 초보 운전자치고 운전을 잘하는 편이네요.

10. (1) ① 조심스러웠어요.　② 박물관답게　③ 흥미로운　④ 만족스러운
    ⑤ 영국사람치고
   (2) ③
   (3) ②

●第13課 (p.78)

1. ① 편집장　② 자명종 시계　③ 원고　④ 여유로운　⑤ 잡곡밥　⑥ 사표

2. (1) 재배하다　(2) 느리다　(3) 채우다　(4) 요양하다　(5) 들키다　(6) 떠올리다
   (7) 잘나가다

3. (1) 가려서　(2) 켜는　(3) 맺을　(4) 물린 것 같아요.　(5) 나네요.
   (6) 달성해야 할

4. (1) 숙인다.　(2) 뻗는다.　(3) 구부린다.　(4) 돌린다.　(5) 올린다.

5. (1) 담배를 피우다가는 / 담배를 피우다가
   (2) 안 하다가는 / 공부를 안 하다가　(3) 안 지키다가는 / 안 지키다가
   (4) 쓰다가는 / 쓰다가　　　　　　　(5) 먹다가는 / 먹다가

6. (1) 만나다 보니까 / 만나다 보면　(2) 쓰다 보니까 / 쓰다 보면
   (3) 살다 보니까 / 살다 보면　　　(4) 사 먹다 보니까 / 사 먹다 보면
   (5) 키우다 보면 / 키우다 보니까　(6) 읽다 보니까 / 읽다 보면
   (7) 하다 보니까 / 하다 보면

7. (1) ○　(2) ○　(3) × → 게　(4) ○

8. (1) 상할까 봐　(2) 취할까 봐　(3) 빠뜨릴까 봐　(4) 못 내릴까 봐
   (5) 걸릴까 봐　(6) 물릴까 봐　(7) 걱정할까 봐
   (8) 날까 봐 (또는, 남아 있을까 봐)

9. (1) ① 하다가는　② 나빠질까 봐　　③ 재배하다 보니까　④ 하다 보면
   ⑤ 놀다가는　⑥ 못 들어갈까 봐　⑦ 뒤처질까 봐
   (2) ②, ③
   (3) ① 수입　② 뒤처지다　③ 전문가　④ 태평하다

●第14課 (p.84)

1. (1) (마)　(2) (라)　(3) (나)　(4) (바)　(5) (다)

2. (1) 종교　(2) 초보자　(3) 국회의원　(4) 먹구름　(5) 공모　(6) 마술　(7) 형사

3. (1) 진실　(2) 틀린　(3) 무너지고　(4) 순우리말　(5) 유능하고　(6) 낭비

4. (1) 채용하기　(2) 다지기가　(3) 미쳤다.　(4) 정복하려는　(5) 알아맞히지
   (6) 구출하려고

5. (1) 구해 냈다.　(2) 따 냈다.　(3) 만들어 냈다.　(4) 견뎌 내시고

6. (1) 했을 따름입니다.　(2) 죄송할 따름입니다.　(3) 위대할 따름이에요.
   (4) 부러울 따름이에요.

7. (1) 가: 해내셨네요.　나: 다했을 따름입니다.
   (2) 가: 놀라울 따름이에요.　나: 살려 낸
   (3) 가: 막아 냈기　나: 부끄러울 따름입니다.
   (4) 가: 이루어 냈군요.　나: 시작일 따름입니다.
   (5) 나: 개발해 냈습니다.　감사할 따름입니다.

8. (1) 지어질 듯해요.　(2) 싸운 듯해.　(3) 번호가 바뀐 듯해요.
   (4) 다니는 듯한데　(5) 노는 듯해서

9. (1) 작은 듯한데　(2) 추울 듯한데　(3) 맛있을 듯해서　(4) 좋은 듯한데
   (5) 똑똑한 듯해요. (또는, 유능한 듯해요.)

10. (1) 손님이 바지를 구입할 듯하더니 아무것도 안 사고 그냥 나갔다.
    (2) 매일 열심히 공부하는 듯한데 이상하게 성적은 안 오른다.
    (3) 성실하고 능력이 있는 듯해서 신입사원으로 뽑았다.
    (4) 닭갈비는 빨개서 매울 듯했는데 먹어 봤더니 의외로 맵지 않았다.
    (5) 간판을 보고 술집인 듯해서 들어갔는데 노래방이었다.

11. (1) ②　(2) ④

12. (1) 만들어 낼　(2) 받은 듯해요.　(3) 했을 따름입니다.
    (4) 막아 낼 수 있어서 (또는, 막아 내서)　(5) 익은 듯한데

13. ① 표기　② 고유　③ 반포　④ 서문　⑤ 외래어　⑥ 정감
    (가) 만들어 냈습니다.　(나) 할 따름이다.

●第15課 (p.90)

1. (1) 긍정적　(2) 논리적　(3) 분석적　(4) 부정적　(5) 낙천적　(6) 매력적

2. (1) 비법　(2) 중년　(3) 수용성　(4) 공통점　(5) 어휘력　(6) 기억력
   (7) 방화범

3. (1) 과연　(2) 꾸준히　(3) 진작에　(4) 도저히　(5) 당장

4. (1) ㉡ 쇠퇴하다   (2) ㉤ 적합하다   (3) ㉠ 변경되다   (4) ㉢ 사고하다
   (5) ㉣ 삼가다   (6) ㉥ 현명하다

5. (1) 가: 어쩌다가   나: 제대로   (2) 가: 모처럼   나: 조만간
   (3) 가: 억지로   나: 괜히   (4) 가: 조만간   나: 억지로
   (5) 가: 모처럼   나: 하나도

6. (1) 담당 의사가 부재중이므로
   (2) 어린이가 복용하면 (또는, 먹으면) 위험하므로
   (3) 물 묻은 손으로 만지면 감전될 수 있으므로
   (4) 투표 시간과 장소가 정해졌으므로

7. (1) 질리기 마련이에요.   (2) 멀어지게 마련이지요.   (3) 변하기 마련이지요.
   (4) 자게 마련이니까   (5) 사랑받게 마련이지요.(또는, 인기가 있게 마련이지요)

8. (1) ① 많을 텐데.   ② 차를 세우기 힘들 텐데.   ③ 막힐 텐데.
   (2) ① 없을 텐데   ② 힘들 텐데   ③ 제대로 못 잘 텐데(또는, 잘 자지 못할 텐데)
   (3) ① 손님이 오실 텐데   ② 복사 용지를 다 썼을 텐데   ③ 회의가 끝났을 텐데
   (4) ① 밥이 없을 텐데   ② 열려 있을 텐데   ③ 안 가져갔을 텐데

9. (1) '전철을 이용했으면 편했을 텐데.' (또는, 차를 안 가지고 왔으면 좋았을 텐데.)
   (2) '커피를 안 마셨으면 잘 잘 수 있었을 텐데.'
   (3) '하이힐을 안 신었으면 발이 안 아팠을 텐데.'
   (4) '자외선 차단제를 챙겨 갔으면 얼굴이 안 탔을 텐데.'
   (5) '일주일만 늦게 샀으면 싸게 샀을 텐데.'
   (6) '백화점에 안 갔으면 코트를 안 샀을 텐데.'
   (7) '12시 전에 귀가했으면 엘리베이터를 탈 수 있었을 텐데.' (또는, 회식이 없었으
       면 일찍 돌아올 수 있었을 텐데.)

10. (1) ① 다투기 마련이지.   ② 살아 왔으므로   ③ 힘들 텐데
        ④ 참았으면 좋았을 텐데.
    (2) ②
    (3) ①

●第16課 (p.96)

1. (1) 연설/설득/설명   (2) 재임/임기/임명   (3) 정책/정부/정치
   (4) 당선/선거/선출   (5) 헌법/합법화/불법   (6) 개선/개정/개혁

2. (1) 노숙자   (2) 착륙   (3) 의료혜택   (4) 점검   (5) 대표
   (6) 동성   (7) 보육 시설

3. ① 선거 운동을 시작합니다.   ② 공약을 발표하고   ③ 후보를 찍습니다.

④ 대통령으로 당선됩니다.　⑤ 임기가 보장됩니다.

4. (1) 그만/다　(2) 그만/다　(3) 그만/다　(4) 다/그만　(5) 다/그만

5. (1) <u>바꾸고 싶어서</u> → 바꾸고자

   (2) <u>입대할 생각으로</u> → 입대하고자

   (3) <u>할 마음이 있는</u> → 하고자 하는

   (4) <u>다룰 계획입니다.</u> → 다루고자 합니다.

   (5) <u>미룰 생각입니다.</u> → 미루고자 합니다.

6. (1) 사고자 해도 (또는, 구입하고자 해도)　(2) 설치하고자 합니다.

   (3) 되고자 했지만　(4) 도움이 되고자 (기부)하게 됐습니다.

7. (1) 칭찬은커녕　(2) 외국은커녕　(3) 선물은커녕　(4) 영어는커녕

   (5) 롤러코스터는커녕

8. (1) 늘기는커녕　(2) 따뜻하기는커녕　(3) 승진하기는커녕　(4) 주목받기는커녕

   (5) 잘 쉬기는커녕　(6) 아껴 쓰기는커녕

9. (1) 문을 꼭 닫아 주시기 바랍니다.

   (2) 분리해서 버려 주시기 바랍니다.

   (3) 건강하고 행복하시기를 바랍니다.

   (4) 매 주시기 바랍니다. / 꺼 주시기 바랍니다.

   (5) 차를 세워 주시기 바랍니다.

   (6) 음식을 남기지 말아 주시기 바랍니다.

   (7) 설문 조사에 협조해 주시기 바랍니다.

10. (1) ① 공약　② 보험료　③ 혜택　④ 어린이집　⑤ 노후 복지 정책　⑥ 선거

     ⑦ 보답

   (2) (가) 만들고자　(나) 활성화는커녕　(다) 찍어 주시기 바랍니다.

   (3) ① 재래시장　② 노인 복지

●第17課 (p.102)

1. (1) 보름　(2) 한집　(3) 이튿날　(4) 은인　(5) 마감　(6) 특성　(7) 폭력

2. (1) ⓜ 유창하다　(2) ⓗ 출출하다　(3) ⓛ 민망하다　(4) ⓒ 직역하다

   (5) ⓔ 우선하다　(6) ⓐ 화창하다

3. (1) ③　(2) ②

4. (1) 남자친구에게 프로포즈를 받았어요.

   (2) 오늘은 눈이 오니까 운전할 때 조심하세요.

   (3) 지금 좀 급한데요, 부장님 좀 바꿔 주시겠어요?

   (4) 망가진 자전거는 아직 수리하지 않았어요.

(5) 유키 씨는 매일 자기가 도시락을 싼다고 해요.

(6) A: 이건 고향에 계신 어머니가 보내 주신 거예요. 맛 좀 보세요. (또는, 드셔 보세요.)

   B: 아, 고맙습니다.

5. (1) 마시는 셈이에요.   (2) 가는 셈이지요.

   (3) 있는 셈이에요. (또는, 입원해 있는 셈이지요.)   (4) 다 큰 셈이에요.

   (5) 키우시는 셈이지요.   (6) 덮는 셈이야.

6. (1) 형제인 셈이지요. (또는, 가족인 셈이에요.)   (2) 3개 국어를 하는 셈이에요.

   (3) 같이 사는 셈이에요. (또는, 모시고 사는 셈이에요.)

7. (1) 고향이나 다름없지요.   (2) 기적이나 다름없지요.   (3) 아이나 다름없어요.

   (4) 당선된 것이나 다름없어요. (또는, 당선이나 다름없어요.)

   (5) 친형이나 다름없어요.   (6) 의사나 다름없어요.   (7) 자원봉사나 다름없어요.

   (8) 새 거나(또는, 새 것이나) 다름없어요.

8. (1) 낚시를 못 했다는 말이에요?

   (2) 망쳤다는 말이야? (또는, 못 먹는다는 말이야?)

   (3) 계약했다는 말이에요?

   (4) 안 뽑는다는 말이에요?

   (5) 늦었다는 말이에요?

9. (1) 걸어 가자는 말이야?   (2) 다 외우라는 말이에요?

   (3) 오사카까지 오라는 말이야?   (4) 깎아 달라는 말이에요?

10. (1) ④   (2) ②   (3) ①

●第18課 (p.108)

1. (1) 발랐다. (2) 데었다. (3) 붙였다. (4) 쏘였다. (5) 깁스를 했다.
   (6) 베였다. (7) 들었다. (8) 찔렸다. (9) 늘어났다.

2. (1) 찬장   (2) 바퀴   (3) 형광등   (4) 면봉   (5) 욕조   (6) 환기팬

3. (1) 삼키세요.   (2) 겸손한   (3) 부착할   (4) 들어오네요.   (5) 젖히는
   (6) 빈번하게

4. (1) 했을 뿐만 아니라 → 한 데다가

   (2) 생크림뿐만 아니라 → 생크림에다가

   (3) 휴가와 → 휴가에다가

   (4) 취직도 하고 결혼도 하고 → 취직에다가 결혼에다가 (또는, 취직을 한 데다가 결혼도 하고)

   (5) 따끔거리기만 한 게 아니라 → 따끔거리는 데다가

5. (1) 두꺼운 데다가　(2) 어두운 데다가　(3) 미끄러운 데다가
　　(4) 날씨가 좋은 데다가　(5) 손가락을 베인 데다가(또는, 손을 다친 데다가)
　　(6) 훈련을 열심히 한 데다가

6. (1) 일찍 집에서 나올걸 (그랬다).
　　(2) 진작에 예매해 둘걸 (그랬어).
　　(3) 빨래를 하지 말걸 (그랬어).
　　(4) 다이어트를 할걸 (그랬어). (또는, 살을 좀 뺄걸 그랬어.)
　　(5) 먹지 말걸 (그랬어). (또는, 안 먹을걸 그랬어.)
　　(6) 병원에 갈걸 그랬어요.
　　(7) 조심할걸 그랬어요. (또는, 주의할걸 그랬어요.)

7. (1) (무알콜 맥주도) 있을걸요.
　　(2) 스키 타다가 다쳤을걸요.
　　(3) 아마 욕실일걸. (또는, 아마 욕실에서 많이 다칠걸.)
　　(4) 불법이 아닐걸요. (또는, 괜찮을걸요.)
　　(5) 스무 살부터일걸.

8. (1) 친구일걸.　(2) 부르는 데다가　(3) 동전 지갑에다가　(4) 갈걸 그랬다.

9. (1) ① 빈번하게　② 덮어　③ 닿지　④ 금이 가거나　⑤ 이어질　⑥ 방지하는
　　(2) ②
　　(3) 호기심이 많은 데다가 무엇이든 입에 넣으려고 하기 때문에

●第19課 (p.114)

1. (1) 씨　(2) 소매　(3) 폭　(4) 빗　(5) 장신구

2. (1) 혼례복　(2) 벽화　(3) 신분　(4) 금속　(5) 염색　(6) 띠

3. (1) 가렸다.　(2) 걸쳤다. (또는, 둘렀다.)　(3) 쓰고　(4) 꽂았다.
　　(5) 수놓아서 (또는, 수를 놓아서)

4. (1) 한자리에 모였어요.　(2) 말대꾸를 해서　(3) 들떠서
　　(4) 유래없는(또는, 유래없이)　(5) 전락했다.　(6) 성격이 급해서

5. (1) 읽곤 했는데　(2) 입곤 했었는데　(3) 염색하곤 했는데
　　(4) 만들곤 했었는데 (또는, 싸곤 했었는데)　(5) 신곤 했었는데

6. (1) 외식하곤 해요. (또는, 사 먹곤 해요.)
　　(2) 야근하곤 해요.
　　(3) 걸어서 출퇴근하곤 해요. (또는, 회사까지 걷곤 해요.)
　　(4) 따뜻한 우유를 마시곤 해요.
　　(5) 건강을 생각해서 영양제를 먹곤 해요.

7. (1) 침대를 비롯하여 냉장고, 세탁기
   (2) 일본을 비롯하여 영국, 한국, 미국
   (3) 식장 예약을 비롯해서 사진촬영, 청첩장 보내기
   (4) 고혈압을 비롯하여 당뇨병, 심장병
   (5) 사과를 비롯해 감, 포도
   (6) 노래방을 비롯하여 식당, 찜질방, 영화관
8. (1) <u>뽑으려고 했어요. 바로 그때</u> → 뽑으려던 참이었는데
   (2) <u>건너려던 찰나였어요. 바로 그때</u> → 건너려던 참이었는데
   (3) <u>전화하려던 그때</u> → 전화하려던 참이었는데
9. ① 한복을 비롯해서 ② 가 보려던 참이었는데 ③ 입곤 했었는데 ④ 입곤 해요.
10. (1) ① 댕기 머리 ② 수놓인 ③ 섬세한 ④ 구비되어 ⑤ 부담 ⑥ 일상복
    (2) ②
    (3) ①

●第20課 (p.120)

1. (1) 도전 (2) 어둠 (3) 휴식 (4) 친목 (5) 부작용
2. (1) 비바람이 강하게 불어서 —— 소풍은 결국 취소되고 말았다.
   (2) 백화점에서 사은품을 준다길래 —— 필요하지 않았지만 충동구매를 했다.
   (3) 한일 교류모임에서 다들 처음 만났지만 —— 서로 친근하게 이야기를 나눴다.
   (4) '발상의 전환'이란 고정관념을 버리고 —— 다른 관점에서 생각하는 것이다.
   (5) 소비자들의 시선을 끌기 위해서 —— 파격적인 광고를 만들었다.
   (6) 고급화 전략을 고수하는 그 카페는 —— 예상을 뛰어넘는 매출을 올리고 있다.
3. (1) 뛰쳐나갔다. (2) 알아차렸다. (3) 곯아떨어졌다. (4) 흔들렸다.
   (5) 몰려들었다. (6) 지루했다. (7) 상쾌했다.
4. (1) 확장시켰다. (2) 발행되는 (3) 끌고 (4) 고정되어 (5) 찌는
   (6) 빗발치는
5. (1) 후회할 게 뻔해요. (2) 빗발칠 게 뻔해요. (3) 안 자고 있을 게 뻔해요.
   (4) 슬퍼하실 게 뻔해요. (5) 없을 게 뻔해요. (또는, 꽉 찰 게 뻔해요.)
6. (1) 보나 마나 (2) 바르나 마나예요. (3) 물어보나 마나
   (4) 먹으나 마나일 (5) 하나 마나지요. (6) 읽으나 마나
7. (1) 나아야 할 텐데 (2) 안 해야 할 텐데 (3) 남아 있어야 할 텐데.
   (4) 완성돼야 할 텐데(또는, 다 지어져야 할 텐데)
   (5) 성공해야 할 텐데요. (또는, 잘 팔려야 할 텐데요.)

8.　(1) 끝나기가 무섭게　　(2) 나오기가 무섭게　　(3) 담기가 무섭게

　　(4) 눕기가 무섭게　　　(5) 뜨기가 무섭게

9.　(1) <u>끝나기가 바쁘게</u> → 끝나기가 무섭게

　　(2) <u>바뀌자마자 급하게</u> → 바뀌기가 무섭게

　　(3) <u>보고는 단번에</u> → 보기가 무섭게

10. (1) 보나 마나 / 책일 게 뻔해요.　　(2) 좋아야 할 텐데 / 입으나 마나야.

　　(3) 잘돼야 할 텐데 / 열기가 무섭게

11. (1) ① 몰려드는데,　② 붉은　③ 반복적　④ 고정됐다고　⑤ 친근한　⑥ 넘어간

　　(2) ①

　　(3) ③

「できる韓国語中級Ⅱ（改訂版）ワークブック」別冊　重要文型 62・解答

発行：DEKIRU 出版　発売：株式会社アスク出版